中小学课堂教学改进丛书

主编 胡庆芳 王 洁

改进科学课堂

GAIJIN KEXUE KETANG

王洁 严加平 编著

教育科学出版社

·北京·

出 版 人　所广一
责任编辑　王峥媚
责任校对　曲凤玲
责任印制　曲凤玲

图书在版编目（CIP）数据

改进科学课堂/王洁，严加平编著. 一北京：教育
科学出版社，2011.6
（中小学课堂教学改进丛书/胡庆芳，王洁主编）
ISBN 978‐7‐5041‐5564‐1

Ⅰ.①改… Ⅱ.①王… ②严 Ⅲ.①科学知识－教学
研究－中小学 Ⅳ.①G633.72

中国版本图书馆 CIP 数据核字（2011）第 027680 号

中小学课堂教学改进丛书
改进科学课堂
GAIJIN KEXUE KETANG

出版发行　教育科学出版社

社　　址	北京·朝阳区安慧北里安园甲9号		市场部电话	010－64989009	
邮　　编	100101		编辑部电话	010－64989394	
传　　真	010－64891796		网　　址	http://www.esph.com.cn	
经　　销	各地新华书店				
印　　刷	莱芜市东方彩印有限公司		版　　次	2011年6月第1版	
开　　本	170毫米×228毫米　16开		印　　次	2011年6月第1次印刷	
印　　张	13		印　　数	1－6 000册	
字　　数	220千		定　　价	26.00元	

如有印装质量问题,请到所购图书销售部门联系调换。

专业透视课堂问题，范例诠释教学改进

课堂观察和在此基础上的诊断改进是一种重要的、常规的，也是"专业性的教研活动"。课堂教学问题的诊断到位，有利于教学问题本身的顺利解决，同时也有助于教师之间相互学习，切磋技艺，从而优化教学艺术，实现专业水平的共同提高。在新旧课程转型的过程中，传统教研实践活动中重要的观课环节还没有真正充分体现课堂观察与问题诊断的专业性，凭经验进行判断的现象还比较突出，这些问题的存在制约了课堂教学问题的解决。在国内当前的课堂观察实践中，归纳起来主要存在以下几个方面的问题和不足。

1. 直接进入教学情境进行观察，淡化观察前对教学内容及教学目标的了解。课堂观察作为一种实践研究和问题诊断的专业活动，要求我们在进入课堂前对要观察的教学内容以及当堂课教学所要达成的目标有充分了解。这种充分的了解是观察的准备和前提，它使观察具有针对性，也使得课前计划和课堂实施有了比较的依据。观察者在进入课堂进行观察之前就必须对即将开展的教学活动有自己的理解和设想。严格意义上的观察不是一种随意进入教学情境就可以实践的活动，观察前的准备不可或缺。

当前，在新课程推进过程中，研究人员越来越多地深入到中小学，进入课堂进行"草根"研究（grass－root research），广大教研员、学科带头人不仅亲身进行课堂观察，还恰到好处地亲身演绎自己对新课程教学的理解。他们的经验表明，有了课堂观察前对教学内容及教学目标的透彻理解，自己做的教学预设，课堂观察的针对性和目的性就会大大提高，从而使得基于课堂观察所发现的问题以及由此提出的解决策略有了更强的指导意义。

2. 紧扣教学内容的完成程度进行观察，注重教学的结果，强调精心的预设和预设目标的达成，对教学过程中偏离预设而生成的新知识、新情境关注不够。传统的课堂观察是教学预设导向的，紧扣教学内容的覆盖和教学目标的达成，注重结果，而忽略鲜活课堂上生动情境中动态生成的新知识。这种导向性的课堂观察，容易使教师有意或无意识地限制学生的个性思维，阻止偏离预设答案的思想火花的形成。

教师在课堂教学中比较关注课前的预设，注意力集中在如何完成预设的教学任务。课堂中，当学生的回答不是预设的答案时，教师要么置之不理，要么直接往预设的答案上引导，不会创造机会让学生自由表达真实的想法。当学生回答有困难或词不达意时，教师往往急于用填空式的问题去帮助他或换其他学生回答。多少年来，课堂所要掌握的知识点都以结论的形式呈现出来，而相关的各种评价也主要考查学生对结论的掌握程度，致使课堂观察陷入实践的狭隘误区而不能充分发挥其预警、诊断和指导的应有功能。

3. 注重教学环节或活动形式，缺乏对其质量和效率的深度审视。传统的课堂观察注重教学环节的完备和教学活动形式的多样。如果执教教师体现了这些形式，评课时往往就会得到很多的加分，但是这些环节和活动本身的质量问题却没有得到专业的审视与分析。

例如，课堂教学中的"互动"。新课程强调教师与学生之间、学生与学生之间的互动，于是许多教师在互动环节里连串地问，有的甚至满堂地问，学生齐声作答。这类问题往往并不利于学生思维的发展，可能还会限制学生的思维，久而久之还可能导致学生思维僵化、丧失创造性。注重教学环节是否完备的传统课堂观察活动，往往因为课堂气氛活跃而隐藏了现象背后的问题。

4. 注重教师教的过程，淡化学生学的过程，难以反映学生学习的情感体验和个性化学习风格的差异。传统的课堂观察，往往注重教师教的过程以及学生的配合程度，这种课堂观察是以教师为中心的，忽视了教与学是一个过程的两个方面。新课程积极关注学生学习过程中的情感体验和学习风格的差异，弘扬人文精神，力主对学生人格的尊重和生命质量的人文关怀。

新课堂观察要体现新课程的理念，设置对学生学习差异性和内心情感体验关注的维度，力求全面观察到教学经历的全部事件，真实地、深层次地反映教学过程中重要的反馈信息。教师对学生学习过程中情感体验和学习风格差异的尊重可以从许多教学细节反映出来，包括尊重学生的隐私、人格、思维和表达的方式，创造性地设计适合不同学生认知方式的真实性任务，从而达到殊途同归的教学效果。新课程的教学不仅关注知识与技能目标的达成，同时还强调过程与方法、情感态度与价值观。在新课程实践过程中，围绕知识与技能目标的教学设计成为主流，其他的二维目标形同虚设而被边缘化。

5. 注重对规定教材内容的审视，对教师在课程二次开发过程中体现出的智慧与创造性关注不够。传统的课堂观察，以教材为本、以教材为纲的思想过于突出，限制了教师课程实施的创造性。适应了传统课程教学的教师最不适应的就是没有教参造成的失落感。"用教材而不是教教材"的观念转型，要求教师不能停留在教材本身所呈现的知识框架上面，而要根据学生的具体情况做灵活调整，或整合，或拓展，真正实现"用教材来教"。

新课程表达了"教师即课程"的先进理念，手头的教材是一种参考的文本，尚需教师基于自身的经验和理解对教材进行二次的开发和加工，最终实现把专家编制的课程变成教师自己理解的课程，并在鲜活的课堂上一起和学生合作，建构起教师与学生共享的课程。新课程的理念自然要反映到新的课堂观察中来，要求课堂观察充分关注教师对课程进行二次开发的程度。

基于对传统的课堂观察及其评价活动的反思，以及秉承"以专业理性的力量提升课堂观察与问题诊断的品质从而实现教学改进"的理念，"中小学课堂教学改进"丛书的研究团队将分学科深入到中小学课堂教学的第一线，和中小学第一线的教师们共同确定课堂教学中需要克服的教学难题并作为实践研究的专题，以团队合作的方式群策群力，以抓住问题不放松的执著与智慧，以打破砂锅问到底的气魄与韧性，直至促成课堂教学问题得到比较圆满的解决，并由此总结出与专题相关的对教学实践具有借鉴与指导意义的结论与观点，从而尽可能在最大范围内实现实践理性的辐射与推广。

"中小学课堂教学改进"丛书主要面向中小学第一线的广大教师、教研室教研员、教育研究机构的研究人员以及教师培训机构的培训工作人员。本丛书首批推出《改进英语课堂》《改进语文课堂》《改进数学课堂》和《改进科学课堂》。

希望并期待本套丛书的出版实现我们和谐奋进的研究团队良好的初衷！

胡庆芳

2010 年 11 月于上海

目　　录

这是王洁博士所记录的与浙江的一群科学教师共同做课例的经历。当初只是作为一项研究者的记录发布在课例研究小组的博客里,当我们重新审阅它的时候,却发现它是对"怎样做课例研究"多么好的一种诠释! 这比单纯地告诉大家课例研究的意义与步骤要丰富和让人印象深刻得多。

作为一名有着多年教学经验的科学教师,倪老师在思考,也在不断地进行着这样或者那样的探索:科学课堂应该带给学生什么? 什么样的科学知识才是学生最需要的? 当学生毕业后,当所从事的工作与科学学科本身不相关时,怎样表明他们曾经在倪老师的课堂上学习过科学? 科学教师在教室里应该如何作为?

倪老师的文字和其他章节有所不同,他用了大量亲历的或搜集的案例,告诉我们他对于科学课堂的认识,告诉我们一个优秀科学教师应有的作为。

科学课中小组活动背后是科学思维的推进。小组活动的安排最终是为了达成这节课的教学目标，所以关键的是思维的递进，不是为了活动而活动，更不是为了营造课堂气氛而随意安排的。这中间，教师的作用不可或缺。除了让学生"动起来"，更重要的是在"巡视"的过程中要特别留意，发现他们中的"典型"，通过发现问题、亮出问题、讨论问题，来帮助学生共同解决问题。观察者就是一台有着即刻判断、分析能力的摄像机。

在课堂教学中，教师如何有一双慧眼，透视课堂，敏锐地捕捉意外中有价值的信息，及时有力地介入，利用捕捉到的有用信息，借"意外"生成"精彩"。在课堂教学中，教师如何将学生的思想和观点纳入其中，积极发现、激活学生思维，找寻提高学生积极性的具有探究价值的材料，使课堂成为学生思想灵动、思维活跃的地方。也就是，教师在课堂上，如何"有所为"，又"有所不为"？

一个新概念的建立，必然是学生对已有生活概念或科学概念进行重新组合、改造的一个过程。对于教师来说，首先要考虑学生已掌握的相关概念是什么。在教学上就要考虑主题单元的整体设计。其次，充分挖掘蕴藏这个概念的学生的生活经验。学生拥有的生活经验，是他们理解和解释抽象概念的土壤。再有，此课例研究中一直采用"化无形为有形"的方式帮助学生理解抽象概念。另外，学生在课堂中无意识提及的各种"隐喻"，正是他们理解抽象概念的一种方式。他们其实也是用自己的表达传递给教师一个信息:什么方式是他们更易理解和接受的。

石老师通过对 12 所中学 87 位科学教师的问卷调查,发现:常态课中,经常使用学习任务单的教师占5%,偶尔使用的占75%;公开课中,经常使用学习任务单的教师占70%,偶尔使用的占30%。

我们不禁要问:学习任务单,难道就是公开课的专利吗?为什么常态课中,教师不选择使用任务单呢?深入下去,石老师的研究小组发现了几个很值得思考的问题。

沈老师的研究小组选择"多媒体参与辅助教学和传统教学手段的有效性差异对比"展开了课例研究。他们以传统的"黑板＋讲演"、普遍流行的"多媒体教学"以及"黑板＋多媒体"结合的三种不同的教学方法完成同一内容的教学。研究小组称之为:同课异"形",即同一课堂内容通过不同教学途径实施开展。他们试图以这样的方式来解开对多媒体参与辅助教学和传统教学手段的有效性的疑惑,并获得一些其他启示。

今天,教师们对课堂教学效率越发关注:三维目标应如何在教学设计中体现;它的落实效果如何检测;学生在课堂中的参与深度、广度如何评价……这些都是我们思考具体的课堂效果的方面。由此,这群科学教师想到使用前测与后测的方法来评价教学目标的达成与学生在课堂上的真实获得。一方面,通过前测与后测结果的比较,获得学生在科学知识、技能运用、方法获得等方面的变化;另一方面,用前测与后测作为评价来指导课堂教学的设计与各环节处理,以期更符合学生的需要。

第一章 研究者手记：通过研究改进课堂

前面的话

第一天：现实是群体共享的
- ■开始：精心准备之后的慌乱
- ■协商：确定想要研究的问题
- ■过程：全面的观课，限定时间的议课
- ■余杭的"不眠之夜"

第二天：共同感知的空间
- ■感慨：不做实录，发现不了这些问题
- ■澄清：课堂观察为了什么
- ■教师的座位发生了变化
- ■基于证据进行课堂改进

第三天：我们的"科学咖啡馆"
- ■11 个微型报告，意犹未尽
- ■我评丁老师的报告
- ■课例研究报告，对教师意味着什么
- ■一线教师要写怎样的课例研究报告

评述与分析
- ■组建一个真实的学习共同体
- ■透过课堂观察的教师专业学习
- ■研究让教师成长

声 音
- ■教师拼命地教不能代替学生的学
- ■情境是为了促进学生的理解
- ■要学点教学设计

前面的话

这是王洁博士所记录的2007—2008年与浙江的一群科学教师共同做课例的经历。为了此书的出版，我们把它重新翻出来进行梳理。当初只是作为一项研究者的记录发布在课例研究小组的博客里，当我们重新审阅它的时候，却发现它是对"怎样做课例研究"多么好的一种诠释！这比单纯地告诉大家课例研究的意义、步骤要丰富和让人印象深刻得多。

在这里，真正与科学教师一起做一个科学课例的时间虽然只有短短的三天，但这绝对是高思维、高互动、高参与的三天。这群科学教师都是参加浙江余杭"领雁工程"项目的（浙江省一个专门针对农村教师专业发展的项目），这使他们可以有一小段时间集中参加研修。这不仅是时间上的保证，更是使精力上可以"心无旁骛"地投入的保证。课例研究小组有两类导师，一类是来自上海市教科院的研究人员，另一类是来自余杭教师进修学院的本地导师，也是班主任。这样的双导师结构，使得导师之间的专业知识结构互补，可以从不同的视角给予一线教师支持和帮助，也在制度上保证了集中研修和分散研修中都有切实专业引领。

三天结束后，教师们还要在一起学习两到三个星期。他们将再次分组，进入各个学校分头开展自己小组的课例研究。这中间会配备相应的指导教师到各个学校具体指导，而王洁老师只能通过网络平台与教师们开展交流。教师们说："三天结束了，就像羽翼未丰的小鸡离开了鸡妈妈，一下子找不到食物了。……过去了，才觉得原来是那么地弥足珍贵……"

必须提及的是，作为班主任的李老师毫不妥协地让大家每天必做一件事，就是写"行动日志"，并附以自己的点评，经过梳理后发布在博客上，这一坚持，坚持出一个让人回味无穷的学习经历，更促使教师对做课例研究、对学生、对科学教学进行不断思考。教师们在日记中这样写道："2009年我们相约启程，我将以一只领头雁的身份活跃在小学科学的课堂上，活跃在小学科学的改革中。为了到达春暖花开的国度，我将用自身的翅膀给后来者一股前行的力量，用快乐的叫声给自己与后来者以前行的勇气。"这种因为一次共同学习的经历而激发出的"展翅欲飞"的渴望，不正是所有参与者都想看到的吗？

第一天：现实是群体共享的

■开始：精心准备之后的慌乱

按照约定，科学组的 11 位教师将花三天的时间集中在余杭镇第一中学，进行课例研究。今天是我们集中研修的第一天，10 点多，我和进修学校的王老师与黄老师先来到了余杭镇第一中学。

余杭镇第一中学给我的感觉是大、整洁和安静。进入综合楼三楼，看到一间会议室上面的牌子写着"校本教研室"，感觉很亲切。校长给了我们一张"课例研究"活动专题研究课的安排表，除了我们小组的 11 位教师外，余杭镇第一中学有 4 位教师也将参与我们的整个课例研究工作。在王老师和我简单地布置了三天的工作后，我们正式开始了我们的行动之旅。

三天的活动主要由五部分内容组成：课前会议、观课、反馈会议、课堂实录制作及报告会。

	时　间	内　容	备　注
第一天	13：30—14：00	①第一次集中，协商三天观课、反馈会议的具体事宜；②介绍执教教师；③讨论和确定活动的内容与主题	
	14：25—15：05	第一次观课	全程录像
	15：15—16：15	反馈会议：提出改进意见	
	16：30 至结束	分小组合作完成课堂实录	事先协商实录的方法、格式

时　间		内　容	备　注
第二天	8：00—11：30	课前会议：①交流第一次实录的感受，（包括对课堂观察技术的看法及对该课的感受）提出改进意见；②讨论第二次实录的改进方法（如何进行课堂实录，是一字一句记下来，还是根据研究的需要来进行）	全程录像
	14：25—15：05	第二次观课	
	14：25—16：00	分两组完成课堂实录	
	16：15—17：30	反馈会议：提出改进意见	全程录像
第三天	8：00—9：30	课前会议：①交流第二次实录的感受，继续提出改进意见；②讨论第三次实录的改进方法	全程录像
	9：55—10：35	第三次观课	
	10：45—12：00	分两组完成课堂实录	
	13：30—15：30	课例研究报告会	全程录像

　　为了使第一天的课例研究活动能够顺利进行，昨天晚上到临平后，我特意做了一份"第一天研修提示"。

	具体内容
课堂观察	1. 第一天的课堂观察以总体感知为主，兼顾每个成员各自的观察重点 2. 建议的观察重点 （1）师生语言互动（★教师的问题，教师问题的指向；学生的回答，学生回答的方式；★教师的反馈；等等） （2）学生的活动状态（★活动前教师的指导性语言；★活动中教师的个别指导；★小组中学生的投入状况；等等） （3）教学环境及流程（★板书及投影；★课堂教学结构；★教学活动的转换；等等） 3. 观课中每个成员可以结合自己的研究点和兴趣，选择和调整观察点

续表

	具体内容
小组讨论和交流	1. 小组讨论中每个成员要积极思考、敢于挑战、乐于奉献 2. 每个成员的发言要求 （1）说明观察点 （2）观察后的发现：基本判断；判断的事实依据 （3）提出 1~2 条改进意见
作业	1. 守时是本次行动的基本准则，所以作业请务必在规定时间内上交 2. 课堂实录要求 （1）实录由整个小组共同完成 （2）每个组员的具体任务量由各组长安排 （3）两个课例的完整实录版由班长负责在 22 点前上交

■协商：确定想要研究的问题

课例研究的重点是学生学习中的难点，也是教师在教学中的困难所在。在分析了初中生科学学习的困难之后，大家将这次课例研究的主题定为：科学教学中教师如何帮助学生建构空间模型。模型建构的思想在于教给学生一种思维方法，而不仅仅是让学生做出实物模型。

"建模"这个主题源于教师们在课堂教学中遇到的现实问题。在日常教学中教师们发现，初中生通过学习能够对地球、太阳和月球之间的相对位置，对地球自东向西的自转，对太阳的东升西落等有一个比较清晰的概念，但是，大约有一半以上的学生不能运用这些空间模型解释月亮的圆缺、昼夜交替、四季交替等相对复杂的现象。这次课例研究，就是要研究教师在课堂教学中如何支持学生建构空间模型；在科学课堂中怎样帮助学生形成一种解释、分析生活现象，解决问题的思维方法。

主题确定之后，大家商议决定从"地球的自转"这节课切入研究。"地球的自转"主要的教学内容是：地球公转和地球自转现象。要求学生理解："太阳的东升西落"是地球自转造成的；能区分昼夜现象与昼夜交替现象产生的原因。

研究小组安排了三节观摩课，考虑到年轻教师上观摩课更容易暴露教学中的问题，我们请一位教龄为两年半的小杨老师上课。另外，小杨老师不是研究小组成员，这样大家可以集中精力观察。

■过程：全面的观课，限定时间的议课

在我们的课例研究中，观课和课后的反馈会议是必不可少的两个环节。如何观课，每个教师的关注点应该在哪里，如何聚焦主题进行有针对性的观察等，是课前会议讨论的一个重点。经过讨论，我们对观课和议课的流程形成共识：①发现倾向性和关键性问题，进行有目的的课堂观察；②围绕问题并联系自我经验进行讨论与互动，聚焦问题；③寻找解决问题的办法，进而分析自己的教学，实现整体的改进和提高。

两堂课的观察结束后，我们开始了第一次课后反馈会议。在两位执教教师简单地介绍了课的设计意图，对课进行简单的反思之后，进入讨论。为了使讨论紧凑，更聚焦主题，我们规定：①限定发言时间；②发言要求言之有物。

在一小时的反馈会议之后，研究小组将讨论的问题聚焦到三个小问题上。

①如何创设情境促进学生对教学内容的理解，即如何使学生建立清晰而抽象的地球运动的空间概念；如何将教学涉及的点与学生现有的生活常识相结合，然后通过建立具体模型来演示和说明，以加深学生对地球自转特征的认识，理解生活中的相关现象。

②课堂中五个小组的活动设计是否有效。模型的建构不仅是学生接收信息的过程，还是学生对信息进行处理、加工、输出的过程。具体到这节课就是，教师如何设计有关晨昏线的实验操作，如何指导学生从不同的角度去观察所学内容在模型（地球仪）的具体体现。

③课堂中，教师如何陈述才能到位。就本节课而言，就是如何从创设情境让学生感知模型，到直观建模，通过一定的方法与过程可以帮助学生抽象建模，最后提供机会让学生自我建模。

从11位教师的发言中，我深刻地感到丰富的经验对于教师教学的影响，也更进一步地感受到一个好教师一定是善于思考的人，是以巨大的热情和严谨的实践不断追求教育工作完美的"有思想的行动者"。

■余杭的"不眠之夜"

如果说反馈会议上的讨论与互动是基于观察、基于经验的话，课堂实录则是教师们回顾稍纵即逝的课堂的一种重要方式，它让教师和教学进行深度的对话。这种对话，让教师能够重新梳理自己对教学的认识，帮助教师以新的视角来检视课堂上自己原本习以为常的事情，可以让自己以旁观者的角度来审视和评判课堂。于是，反馈会议之后，我们提议让教师分成两个小组，合作完成课堂实录，作为第一天的"作业"。

为了达成既定效果，我们对教师的课堂实录作出具体要求：①要提供完整的师生语言对话记录；②以图文并茂为佳，课堂中教师用的实验器材、板书等最好辅以简单的图示；③采用时间刻度标记，以便后来者根据需要进行引用；④实录开始前，对座位表、课堂时间分配、字母标记等给予一定的解释。最后，做实录时教师应该"回归"课堂的现场，将所感悟的、所想的再次写下来，因为这也是稍纵即逝但是非常可贵的。

现代技术手段为我们提供了极大的便捷，我们分别用移动硬盘将两堂课的录像拷贝在各自的计算机中，分配好成员，确定共同的格式之后，就开始分头行动了。

第二天：共同感知的空间

再次步入余杭一中会议室时，进修学院的王老师与黄老师已经坐定。教师们也陆陆续续地走进了会议室，在昨天固定的位置上落座。每个人都似乎在这样一个空间内找到了适合自己的位置。

这个空间不只是物理空间，而是教师们共同感知的空间。我们在这个空间内澄清问题、表达意见。这个空间不是被抽象的概念所充斥，而是充满着研究中琐碎的小故事。这些故事虽小，却伴随着教师们的成长。我喜欢。

■感慨：不做实录，发现不了这些问题

8点15分，我们的课前会议开始了。"昨天我们做到晚上1点"，"我们做到12点就结束了"，教师们说着不同的话，但表述了一个意思：真累，真苦。但说归说，两个课堂实录毕竟还是完成了。

今天课前会议的交流和昨天不同的是，每个教师都拿着他们的课堂实录发表议论：一板一眼，有理有据。

宓老师说：从一开始导入到17分钟，教师提问给予学生思考的时间极少，最多的才3秒钟。

肖老师说：教师不断重复学生的答案，学生说得对教师重复，学生答错的教师竟然也重复。

志奇老师说：课堂中自问自答的比例极高，教师是围绕自己的问题而不是学生的问题……

11 位教师的一致认识是：不做实录发现不了这些问题，课堂实录是个好办法。实录让教师体会到课堂观察是一种有效的研究方法，同时也促使教师提出质疑：①约定俗成的就是正确的吗？②经验告诉我们的就是正确的吗？③专家论断的就是正确的吗？

课堂实录让教师借助各种技术，整合自己原有的经验发现新的问题。经过新一轮的议论，小组成员达成的共识是：第二次观课时必须围绕研究主题，关注不同的点，让第二次的反馈会议更有效。根据关注点的不同，11 位教师分成四个组。两组教师（各 2 人）分别重点观察小组活动；一组教师（3 人）重点观察教师的提问和学生的应答；一个教师重点观察教师课堂中的教学语言；其他三位教师自由选择。

■澄清：课堂观察为了什么

课前会议，我给每个教师发了一张纸"第二日行动提示"，提示以表格的形式呈现，主要罗列了三项内容：要想的、要做的和要说的。

在再次观课之前，我认为教师必须思考三个问题：①为什么要课堂观察？②基于本课例的研究主题，本节课你的观察点是什么？③你的观察点与你具体感兴趣的研究点之间有什么关系？

与一般的听课评课相比，课堂观察似乎更多的是一种"技术"。医学界把这样的观察分析称为"临床视导"，这意味着医生的很多问题只有通过临床实践才能被发现和改进。教师的教学也一样，大多数教学问题都是镶嵌于课堂实际情境的，通过对课堂的深入观察，可以对课堂教学过程中的一些现象和行为给出量化的数据。这些数据一方面是本身可以作为课堂评价的指标，另一方面是它们促使教师依据事实分析、判断和自我反思，进而进行改进，获得发展的素材。

第一，"观察别人的课堂"是为了"建设自己的课堂"。当我们以建设自己的课堂为出发点来参与和体验他人的课堂时，就会乐意认可并借鉴他人的优势，就会易于理解他人的课堂劣势，并在自己的课堂中回避这些劣势。

第二，"观察教师的教"是为了"照顾学生的学"。当我们在他人的课堂中，能够站在学生的立场上体验课堂进程并感受到课堂真正的目的；再次回到自己的课堂时，不但会改变自己的课堂理念，而且会让自己的课堂教学离学生学习更近，因此让自己的课堂教学变得更有深度。

第三，"观察怎么教"是为了"理解教什么"。要提高课堂观察的品质，教师不是要在课堂观察中如何表现自己的"听评课能力"，而是更有效地拓展自己课堂观察的视野，在观察上课教师课堂教学活动与教学表现的同时，更要将上课教师的教学活动与课堂教学情境结合起来，把上课教师的教学活动与教学内容结合起来，从而恢复课堂教学的系统性与目的性。

■教师的座位发生了变化

和昨天不同的是，今天我们的观课要从容得多。可能是课前集中会议有了安排，布置了任务的缘故，当我慢慢地走进教室时，惊讶地发现：每个教师的座位都发生了变化。教师坐成了一排，坐了学生的旁边。

记得顾泠沅老师说过，只要看教师的听课位置，就可以看出教师的目标和意图。显然，今天的教师都是带着他们的目的而进入的，这让我很高兴。

事实上，在第一天行动之前，小组的 11 位教师中都以电子邮件或者书面形式，表述了他们在科学教学中试图想尝试做的研究点。今天的课前会议，我希望每个教师在"课堂上帮助学生建构科学概念"这个大的主题之下，选择具体的观察点，试图带着各自的研究方向去观察。这样，每个人在观察的时候可以有的放矢，朝一个有意义的方向去忙碌。

更让我高兴的是，我似乎能察觉到教师们对于"以学论教"的感受。课堂不是教师表演的舞台，教师的教学怎样，最关键的是看学生理解得怎样。

■基于证据进行课堂改进

昨天因为匆忙，前测和后测小组的工作没有进行。今天，我特意要求前测、后测及学生访谈组的负责人陈老师，向我们报告前、后测的题目，以及测试题目背后的设想。

在一个相对正规的研究中，前后测是非常重要的工具。前测的目的是为了了解学生在教学之前的学习起点，而后测则是了解学生的学习效果。更重要的是，通过前测、后测获得的证据，能为教师的教学行为改进提供依据。

"找到最好的办法不是来自于日常的发现或者意外之喜，而是通过设计和评价逐渐得来的"。这句话所表达的是：要基于事实和科学证据进行决策，不能单凭主观臆断或者个体经验来决定，必须通过实践提供的证据来检验。当然，这取决于前后测题目的编制，需要对教学内容相当熟稔、对学生学习状况有相当了解的教师来承担。

1996 年《美国国家科学教育标准》中明确提出，科学教师要参与对他们的教学以及学生的学习进行连续的评价。教师要使用多种方法，要系统地搜集关于学生的理解能力与其他能力的数据，要分析评价数据，指导教学。教学中评价的本质是对于教与学活动的有效反馈，以促进更有效的教与学。

昨天晚上，我和小严一起将前、后测组发来的测试题进行了修改，我们修改的参照是国际学生评估项目（The Program of International Student Assessment，PISA）测试题。

国际学生评估项目是由经济合作与发展组织（OECD）实施的一项"学生能力国际评价项目"，它由经济合作与发展组织各参与国共同开发，是一项国际性的 15 岁在校生学习质量比较研究项目。国际学生评估项目在 2000 年首次开始评价，其后每三年进行一次，评价的领域包括：阅读、数学和科学。2006 年国际学生评估项目测试的重点是对学生科学素养的认知和情感方面作出评价，其题目的导向和技巧是非常值得我们学习的。以国际学生评估项目的一个题目为例：

口腔中的细菌会引起龋齿（蛀牙）。自 18 世纪初甘蔗加工厂越来越多开始，蛀牙就成为一个广泛的问题。今天，我们对蛀牙已经了解得非常多。例如：

▲ 引起蛀牙的细菌是以糖类为食的。

▲ 糖类可以转化为酸性物质。

▲ 酸会损坏牙齿的表面。

▲ 刷牙有助于预防蛀牙。

问题 2.1 在蛀牙的形成过程中，细菌起到什么作用？

A. 细菌形成珐琅质

B. 细菌产生糖类

C. 细菌产生矿物质

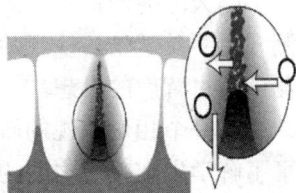

在这样的测试题中，材料以图表配以文字的形式介绍了有关蛀牙的内容。学生们只要具有能够利用科学证据得出结论的能力，就能根据所给出的内容选择正确的结论。这属于相对容易的题目。

实际上，用灵活多样的方式而不是直接照搬教材中文字的方式，同样可以考查基础知识和基本技能，但两种方式对教师教学和学生学习的导向作用是大不一样的。

问题 2.2 下图给出的是不同国家的每日人均糖类消费量与人均蛀牙

数。图中的每个圆点代表一个国家。

根据图中给出的数据，下面哪项陈述是可以推论得出的？

A. 在上述国家中，一部分国家的居民比其他国家的居民刷牙更为频繁

B. 吃糖越多的人，患蛀牙的可能性也越大

C. 近些年来，许多国家的蛀牙发病率有所增加

D. 近些年来，许多国家对糖的消费量有所增长

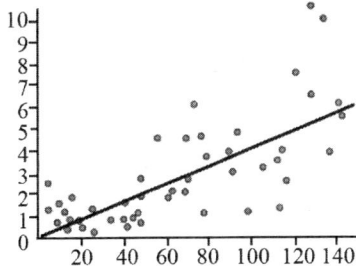

此题目属于中等难度题目，题目的知识类别为"科学解释"，评估的是学生"使用科学证据"的能力。与前面题目不同的是，此题中的科学证据（数据）是以图表的形式给出的，学生要正确理解所给出的图表，就必须清楚图中圆点表示的是什么变量。

运用多种方法（通过词语、图形、图表等适当形式）描述概念，是理解科学概念的一个重要方面。选择有探究价值的科学问题设置情境，考查学生在问题解决的过程中所表现出的运用知识的水平和能力，既是必要的也是现实可行的。

问题2.3 假设在某一国家，其居民的人均蛀牙数非常多，那么对于下面给出的有关蛀牙方面的问题，我们能否利用科学实验来为之找到答案？在每个问题后的"是"或"否"上画圈回答。

能否利用科学实验来为下面的问题找到答案？　　　　是/否
在供水系统中添加氟化物对蛀牙有什么影响？　　　　是/否
看牙医应花费多少钱？　　　　是/否

此题目考查的是学生是否具有科学的方法论知识，是否能"识别科学议题"，即学生是否能够区分：哪些问题是可以通过科学实验来解答的？哪些问题是无法通过科学实验来解答的？科学方法重在运用，科学方法的学习和考查宜在具体的问题、具体的情境中进行，不能把方法剥离出来，当成抽象的名词或机械的程序来学习或考查。

问题2.4 对于下列信息，你有多大兴趣？每一行只能在一个框中画钩。

兴 趣	很大	一般	很小	没有
A. 了解引起蛀牙的细菌在显微镜下是什么样的形态	□1	□2	□3	□4
B. 学习利用疫苗预防蛀牙方面的发展情况	□1	□2	□3	□4
C. 理解无糖食品为什么会引起蛀牙	□1	□2	□3	□4

设计此题的目的是为了评估学生对与蛀牙相关的科学方面的兴趣。像所有的态度题一样，此题目放在单元的最后，这样在询问学生相关看法之前，学生可以先熟悉相关的内容。

当然，我们设计问题的能力不能和国际学生评估项目（PISA）的出题者相比，但我们试图在测试题中也努力体现出这些。

第三天：我们的"科学咖啡馆"

今天是最后一个研修日，三轮的改进课已经完成，我们的具体任务是对每个人在课例研究中的观察点和研究点进行概括、提炼。为此我们要举行一个报告会，我将它称为"科学咖啡馆"。

■11 个微型报告，意犹未尽

我们的报告会是从 1 点钟开始的，一直持续到了 3 点 15 分，中间几乎没有片刻的耽搁。按照规定，每个人的报告必须阐明研究的主题，围绕主题选用一定的数据，有自己的判断和反思，不限定发言时间。

11 位教师，11 个微型报告。按照班主任李老师的说法是"三个不一样"：第一，准备不一样。虽然都有报告，但透过报告我们可以看出有的详尽，有的简略，有的精心，有的粗糙。第二，学科背景和理解上的差异。报告会将每个人的成果都"晾"了出来，有的深刻，有的浅显。第三，男女有别。虽然科学组男教师居多，但所有的女教师都是有备而来的。

■我评丁老师的报告

丁老师，教龄两年，所学专业小学教学，他报告的题目是"课堂搭建'脚手架'的研究"。他从"支架式教学"、"脚手架"以及维果茨基的"最近发展区"出发，开始分析三轮课中教师的提问水平。丁老师将教师的问题分为三大类：认知性问题、理解推理性问题和创新性问题。通过课堂观察中所得数据的纵向比较，引出两个要思考的问题：课堂中教师搭建的"脚手架"是不是越多越好；三类问题在课堂中的比例如何才是比较恰当的。发言中，丁老师反复强调，他的三类问题是按照他自己的主观判断进行分类的。

为了让报告更形象直观，丁老师不仅用了表格，而且还尝试用直方图来表示。虽然图显得有些粗糙，但还是能看出丁老师的用心。

丁老师的报告总共用了 11 分钟。11 分钟里，丁老师自信而有条理，显示出良好的专业素养，作为一个教龄才两年的新教师是难能可贵的，也是大有发展潜力的。听了他的报告后，我做了三点评论。

①丁老师用课堂观察到的数据来说明问题，支撑自己的观点，是有意义的。

②问题的分类本来就是主观的，没有绝对的标准，丁老师分出来的这三类问题只要能自圆其说就可以了。

③丁老师从三轮课中教师提问的纵向分析开始，事实上是在研究"教师提问如何引发学生思考"的问题，如果研究中将教师的提问与教学目标达成的关系、提问是否关注了学生的现状、课堂中教师提问后的理答、反馈等结合起来进行研究，揭示的意义会更加深刻。

■课例研究报告，对教师意味着什么

在报告会上，好几个教师说他们是第一次用幻灯片（PPT）来发言，做得不好，请大家谅解，那种真诚和憨态让我颇有些感动。沈老师，工作了十多年，从来没有写过论文，更不要说写课例研究报告了。教师们开始质疑：一线教师写课例研究报告的意义何在？

事实上，对于一线教师而言，在共同经历了听中学、做中学课例研究的过程之后，将做好的东西写出来是非常重要的。写课例研究报告是一种思考过程，是将内在的东西外化的过程。这个过程能让教师离开直接面对的课堂，在远距离地审视自己所写的东西的同时，审视自己的教学行为。

写课例研究报告的过程是行动与思想的协调过程，是一个理论与实践相互作用的行动过程，写作中我们需要不断与资料和理论进行对话，不断从原始的观课材料中寻找思想和有意义的解释，同时在自己的思想和现存的理论中寻找分析的路线，寻找课堂行为改进的方向。

■一线教师要写怎样的课例研究报告

和研究者不同的是，一线教师的课例研究报告是在课堂教学实践探索的基础上形成的，是"做"出来的，不是"写"出来的。

课例研究报告的呈现方式可以是多种多样的，但是有几个要素是共同的：①要有主题的提炼，也就是要清晰地指出我们的研究过程是什么；②要有研究的背景，为什么要研究这个问题；③要有教学过程，包括判断分析、改进设想、新的教学行动等，对其中的关键环节要有详细的描述，当然这种描述不是讲故事，而是围绕关键问题讲如何处理，讲具体措施；④要有后续的反思。

当然，课例研究报告的撰写是一个"私人化"的过程，带有鲜明的个人色彩，具体写法也可以有不同的变化。但无论如何，一线教师的课例研究报告一定要做到：说实在的话，不需要讲很多套话和空话；说自己的话，用适合自己的表达方式；说真实的话，文中的观点应该是自己内心所认同的；说有依据的话，要有比较充分的事实基础；说经过加工提炼的话，要有一定的理性思考，等等。

值得注意的是，为什么有的课例研究报告做得好，有的做得差？其中的区别就在于深入实际上所下的工夫够不够，我们主张的是从真实世界里找学问。

三天的课例研究活动很快就过去，很紧张，也很充实。三天里，大家相互交流、研讨，在不断地对他人和自己的教学行为进行反思、总结经验、找出差距、明确进一步努力方向的过程中，实现个人和研究小组的共同发展。在这个过程中，教师们掌握了课例研究的方法；聚焦了课例本身引发的问题，既有教学法层面的，也有学科本身的；大家对课例研究产生兴趣，唤起了教师们专业意识的自觉。

评述与分析

■组建一个真实的学习共同体

设想有一片草坪，如果让 10 个成年人开动电动割草机，那么就可以比一个人干得快 10 倍。但是如果让 10 个成年人坐在一起绞尽脑汁设计一台电动割草机，可以肯定他们做这项工作不会比一个人快 10 倍或 8 倍，甚至他们还不如一个人快。一块儿修剪草坪要比一块儿设计割草机简单多了。这就叫"割草机悖论"：共同从事体力劳动通常比较简单；共同从事脑力活动则相当困难①。

其实不难理解为什么会出现"割草机悖论"。通常，我们可以将体力劳动分成几个部分，交给不同的人去做。对于脑力劳动来说，通常较难进行有

---

① 戴维·珀金斯. 圆桌［M］. 北京：中国青年出版社，2003：73.

效的分配。事实上，我们也不大愿意将它分割成块，而是希望运用集体的智慧来解决核心的问题。因为我们知道，解决今天的复杂问题需要多样的观点，我们需要他人来补足和发展自己的专业知能，同事的支持与挑战对我们的专业发展起着至关重要的作用。我们需要一个真实的学习共同体。

在课例研究过程中，强调以课为载体进行有针对性的研究，其中蕴涵了教师对教学内容和学生如何学习等更深层次的理解和思考，有助于提升教师的教学水平。同时，课例研究是一个团体行为，提倡和鼓励教师之间自由、开放的研讨，旨在实现教师团体的整体发展和提高。

■透过课堂观察的教师专业学习

1. 运用课堂观察技术的教师专业学习特点

课堂观察需要技术，但如果过度强调定量，会导致统计的严密性和分析的丰富性之间的矛盾，会导致观察者注意力的转移，而迷失了进行课堂观察的目的。教师的课堂观察不是为技术而技术，而是通过技术的介入提高教师的专业判断力，帮助教师发展的一种专业学习。这种教师专业学习有三个特点。

① 通过行动进行学习，换言之学习是建立在有效的实践基础上的有意识的策略。这样的学习活动将注意力放在与教师紧密关联的课堂，学习不是为了寻求答案（事实上也没有明确的答案），而是群体通过交流和反思，以建设性的方式透过经验进行学习的具体过程。

② 实践反思是关键。基于课堂观察的学习有两个功能，第一，支持教师个人对过去的教学行动进行反思，以便从经验中学习；第二，帮助教师探究目前课堂中发生的事件和问题，以便改善下一步的行动。这两个功能的实现，实践反思是成功的关键，因为实践是反思的基础，反思要推进实践。有了反思后实践是能够深化的，而深化了的实践又可以让反思进一步深化，两者循环往复，互为因果，相互促进。在实践反思的深化过程中，教师的知行水平由低层次向高层次发展，同时也有力地促进理论内化为教师的观念和思想。

③ 个人和群体间的相互"滋养"。课堂观察活动的展开，创造了一种极富有支持气氛的群体环境，让教师之间打破割裂和孤独，透过共同探索、研讨，运用集体的智慧来解决核心的问题，寻求好的实践。因为解决今天的复杂问题需要多样的观点，我们需要他人来补足和发展自己的专业知能，同事

的支持与挑战对我们的专业发展起着至关重要的作用。

2. 从研究教材教法到发展教师的学科教学知识（PCK）

如果说以往的听课、评课偏重于教师在把握教材、组织提问、教学环节过渡、衔接等技能、技巧的熟练度的话，现在的课堂观察则更关注学生、教师行为的全面研究。

对于课堂教学有很多不同的观点，基于经验和文献的研究，我们的基本观点是：在课堂里，学与教是整体不能割裂，学生是学习的主体，按照"以学论教"的思路，课堂观察可简化为如下的准则：学生该听的听了没有？该做的做了没有？该想的想了没有？该说的说了没有？哪些是学生该听、该做、该想、该说的内容，教师应是明白人，这成了课堂改进的瓶颈和关键。对现有的课堂调研发现①：教师学科知识的缺失是个大问题。

李·舒尔曼曾经提出教师专业知识分析框架②：学科知识；一般教学知识；课程知识；学科教学知识（Pedagogical Content Knowledge，PCK）；学习者及其特点的知识；教育情境知识；关于教育的目标、目的和价值以及它们的哲学和历史背景的知识。通过论证认为：学科教学知识最能区分学科专家与教学专家、高成效教师与低成效教师间的不同。有学者将学科教学知识解析为四部分③：一门学科的统领性观念——关于学科性质的知识和最有学习价值的知识；学生对某一学习内容理解和误解的知识；特定学习内容在横向和纵向上组织和结构的知识；将特定学习内容呈示给学生的策略的知识。

教师专业知识的框架，尤其是其中的核心成分学科教学知识明晰化之后，利用学科教学知识解决问题的教学技能也渐渐被开掘，这大大厘清了世界各国对教师资格的认证以及对教师专业知识和技能培养的向度。发展教师的学科教学知识也成为课堂观察活动的一个关注点。

3. 课堂观察要注意的要点

在这种课堂观察中，有一些重要的原则要考虑。首先，执教教师和观察者之间是相互支持的，是一个专业发展的互利过程，在这一过程中教师在教

---

① 杨玉东，贺真真. 数学教学改革三十年：现实与实现——来自"青浦实验的新世纪行动"［J］. 上海教育科研，2007（12）：4－9.

② 顾泠沅. 寻找中间地带：国际数学教育改革的大趋势［M］. 上海：上海教育出版社，2001：130.

③ 参考了顾泠沅教授 2008 年在上海教科院培训班上的讲稿《教师事关重大》.

学和观察技能方面都得到提高；第二，课堂观察的重点不是评价一节课，不是批判不成功的教学行为，而是提高课堂教学质量，获取教学成功的策略；第三，课堂观察的过程是对课堂教学中客观的、可观测数据的搜集和分析，而不是缺乏事实依据的价值判断；第四，教师应该从数据中形成有关教学的推论，并且鼓励教师运用数据建构今后可以检验的假设；第五，每一轮观察都是基于前一轮观察的结果，是一个行为跟进的过程。

■研究让教师成长

1. 以课例为载体，教师在真实的教学情境中展开理论与实践的对话

以往我们所组织的培训课程，一般来说，理论性的介绍难免会多而‘杂’，教师一时难以消化，也容易忘掉。不同的研究者（培训者）所介绍的理论有时甚至会有冲突，让教师难以适从。新的教育理论不断出现，有时会让教师目不暇接，难以统整。如何让理论深入到实际情境中，成为一种被教师接受和运用的高明的理论，并真正内化为教师自己的知识，发挥指导实践的作用呢？课例恰是这样一个合适的载体。

"课例"立足于真实课堂，将理论思想置于鲜活的教学之中，将宏大的理论转化为个体的教育经验或事件；围绕课例的研讨聚焦课堂，是在真实情境中研究教与学；课例注意教师所关心的方面，让理论深入到实际情境中，对教师会有观照作用。课例更重要的意义还在于能够打破专家统领的"理论研究"和教师"实际操作"之间的藩篱，创造理论与实践之间的思考空间。

2. 以课例为载体，教师的教与学的理论才能架起桥梁

教育理论研究只有深入"生活世界"的具体场景，教育教学的现场课堂中，直面实践，才能敏锐地把握现实问题，并在实践中显示出对教育实践的影响力，体现自身存在的意义与价值。因为教育理论研究不仅面临着一个知识的世界，同时还面临着一个"生活世界"。教育的问题归根结底是人的问题，人的问题无所不包，这意味着教育理论研究的问题是复杂的，与很多方面相关；这意味着教育理论研究的方式不是纯粹的逻辑推理和概念演绎。

丰富多彩的课堂实践是教育理论的来源。我们要聚焦课堂，走进课堂，因为只有在真实情境中研究教与学时，才能注意到教师们所关心的方面，让理论对实践者（教师和学生）有用。对优秀教师教学知能的研究表明，他们所具有的知识有实践性和情境性的特征，唯有深入课堂关注优秀教师回应

工作环境的方式，才有可能跨越"学习理论和教学经验的缺口"①，使教学理论成为一种能被教师接受和运用的高明的理论。当然，我们不否定真实的课堂实践有很多含混的地方，也有很多是偶然的、片面的，甚至会给严格的思考带来困难。但是解决的方法，绝对不是去建构一套绝对的、完满的、放之四海而皆准的、合乎逻辑的原理和规则。

声 音

■教师拼命地教不能代替学生的学

倪建强（杭州市余杭区余杭镇一中教育集团）

经过课堂实录和课前课后会议，我们的议题逐渐聚焦于教师的教学行为，如教师的语言，提问的内容、方式、时机，学生的参与度，活动的效率等方面。扪心自问，工作了将近二十年的我，会不会出现以下这样的问题：简单的重复，自问自答，活动指导的无序，学生活动的流于表面，等等。

在"地球的自转"这节课的学习中，需要学生从不同的角度思考问题、观察对象，在变换的情境中，学生是否具备这样的能力？学生空间思维能力的培养和模型的建构需要教师提供怎样的有效帮助？我的思考是：这是一个方法和过程方面的问题，知识是可以灌输的，而方法和过程需要学生亲身体验。教师在什么环节、在哪些方面为学生提供必要的活动或适当的方法指导，教师的教如何为学生的学服务，是我在这次研修活动当中感受是教学中最困难的、最难以解决的问题。

【发现】上课时，陆老师强化了极地上空的晨昏线及昼夜的区分，并且让学生一起做了习题进行练习来巩固知识点。然而，在课后用同样习题给学生做，却发现仍旧有20%的错误率。同样的概念"极地上空的晨昏线及昼夜的区分"，杨老师的处理方法是：详细讲解，用媒体展示大量的图片来讲解、对话、提问，环节都有，然而课后学生的错误率仍旧高达68%。

【思考】我认为陆老师的讲解是到位的（白天——黑夜　昏线；黑夜——白天　晨线），两道训练题呈现出概念的变化形态，也是到位的。但知识传授的到位，并不意味着学生信息的接收、内化过程的到位。陆老师的

---

① H.C.林格伦.课堂教育心理学［M］.昆明：云南人民出版社，1983年版，第238页，原话是"学习理论和教学经验：一个未曾跨越的缺口".

课堂忽视了学生的思考和显性的表达，换言之就是学生知道有这回事，但是不知道怎样转化，如何表达，所以即使遇到同样的问题，很多学生没有教师的暗示，没有同伴的提示，同样的题目也会"出错"。

课堂上，杨老师提供了大量的素材，同时通过板书等途径似乎详尽地说明了这个问题，然而教师将问题说清楚了，学生是否就听明白了呢？我感觉教师的教是替代不了学生的学的，没有学生自觉的思考是不可能在头脑中建立清晰的概念的。

【对策之一】教师应该了解学生学习的困难所在，仅凭教师的说和学生的听不能解决处理加工和输出的问题，教师需要创设一个情境，为学生提供具体的体验过程。相信陆老师的课如果增加了这个环节，大概情况会有所变化。

【对策之二】模型学习需要教师方法的指导，学生的活动需要教师有序的指导。教师不仅要为学生提供素材和实验器材，还要指导学生利用手头的实验器材，在操作、动手中理解科学概念。例如，在这节课中，如果教师能放手让学生开展有关晨昏线的实验操作，从不同的角度去观察所学习的内容在模型（地球仪）的具体体现。我相信实验感知比教师的讲解要有效。

■情境是为了促进学生的理解

张飞虎（杭州市余杭区长乐中学）

"地球的自转"是七年级的学习内容，对于七年级的学生来说，虽然在小学已经学习过有关地球运动的常识知识，但学生建立起的有关地球运动的空间概念还很朦胧，且他们还不具备建立两个参照系的空间思维能力，即很难理解如何站在地球上去感知地球是运动的。要使学生建立清晰而抽象的地球运动的空间概念，就必须把教学与学生现有的生活常识相结合，然后通过建立具体模型来演示和说明，以加深学生对地球自转特征的认识，理解生活中的相关现象。

在教学过程中，教师开始就设置了一个"旋转木马视频"的教学情境，以此来引入新课。现实生活中有不少学生坐过旋转木马，有一定的感性认知，更重要的是旋转木马"绕中心轴旋转"的特征与地球的自转有类似之处。

师问：假如你坐在旋转木马上，观察周围事物时，你会发现什么情况？

生答：周围事物在旋转。

师问：我们自己有没有在旋转？

生答：在。

师问：我在旋转，对不对？

生答：似乎周围的事物在往我的后面倒退。

师问：周围事物与我的前进方向怎么样？

生答：相反。

师问：这就是我们坐在旋转木马上的感觉，在生活中大家有没有类似的感觉……

师问：其实我们每天都坐在一个巨大的旋转木马上，看到周围的事物也有这样的感觉，这个巨大的旋转木马就是地球……

【我的问题及发现】通过课堂观察及课堂实录，我发现这一看上去不错的教学情境，对学生理解"地球的自转造成太阳的东升西落现象"并没有起很大的作用。我的依据是：在课后，我们以相同的题目对学生进行测试，学生的错误率高达68%。因此，我产生一个疑问：如何把教学情境的设置有效地与建立模型相结合？（总觉得这个问题的提法不明确。看了下面，觉得是否可以改为：如何充分利用和挖掘情境，将其与本课主题"建立模型"对接起来）

【我的思考】教学情境的设置要从学生现有的生活经验出发，促成学生对新知识的理解。同时，教师还必须考虑的是：以怎样的方式将情境呈现出来。本节课上，教师的设计思路是：把我们对地球自转这一现象的体验，建立在学生现有的"坐旋转木马"这一生活经验上。无疑，这种思路是对的，它试图促成学生知识的迁移，让学生思考：为什么地球的自转会使我们看到太阳的东升西落？太阳的东升西落能说明地球的自转是什么方向？但事实上，教师并没有很好地实现这一预想。

【具体的解决方法】我建议，首先，教师在让学生观察了"旋转木马"后，让学生通过生活经验来理解：在绕中心旋转的物体上看周围事物运动的特征——与旋转方向相反，进而引导学生分析，并明确地表述这个特征。第二，请学生观察了"地球自转的视频"后，与之前的旋转木马进行类比，使学生能用"旋转木马"模型来理解"地球的自转"。第三，设计问题：现实生活中我们看到太阳（相当于木马周围的事物）东升西落，说明地球（相当于木马）的运动方向是怎样的？如此一来，学生在教师的引导下，运用类比的方法一步步体会，推演并得出地球的运动方向与太阳的运动方向相反，即自西向东旋转。最后一步，教师设计小组活动，让学生通过活动来验证自己的结论。这样一来，教师的教学充分利用了情境，情境在学生的理解学习中扮演了重要的角色。

■要学点教学设计

宓能荣（杭州市余杭区五杭中学）

为了研究科学课中学生科学建模的重要性，为提高课堂教学实效提供依据，我们利用录像带分析课堂实录等技术，对两位教师执教的"地球的自转"的课堂教学进行了现场观察和分析。经分析，我们发现：科学的模型直接影响着学生对科学知识的理解和应用。

1. 两个相同环节的两种不同处理

两节课中一位执教教师为职初教师，另一位教龄十年左右。下面是两个不同课堂中两个不同的引入环节。

第一位教师

教学环节	主要教学过程	板书、投影
地球自转方向的学习 1分30秒	①引导学生从地球仪的北极上方往下看，同时结合课件上出示的秒针运动方向，说出地球的自转方向。②学生动手比画逆时针、顺时针加强感觉。③四人小组一个学生握住地球仪旋转。其余学生从北极上空或从南极上空观察地球自西向东自转时看到的现象。	从北极上空看：逆时针 从南极上空看：顺时针

第二位教师

教学环节	主要教学过程	板书、投影
地球自转方向的学习 2分30秒	①结合课件上出示的秒针运动，引导学生理解顺时针和逆时针。②结合地球自转 A：让学生从北极上空观察地球的自转方向，并判断是顺时针还是逆时针；B：让学生从南极上空看地球仪，判断地球自转方向。③教师出示图例，让学生判断哪个图是北极，哪个图是南极。④教师强调总结：分别从北极和南极上空看地球自转的方法。	投影出示 "顺时针"转和"逆时针"转两个模型 在两幅图下面分别板书 "顺时针"转和"逆时针"转 （教师和学生一起连线）从北极上空看：逆时针 从南极上空看：顺时针

21

2. 不同教学处理的背后分析

两位教师在教学中有相同点：①都选用了时针的转动，帮助学生强化认识顺时针和逆时针，为下面的学习奠定基础；②都采用了小组合作，让学生认识从北极上空或南极上空观察地球自转方向是不同的。

两位教师在教学中的不同处理：第一位教师先让学生从钟面上认识了顺时针、逆时针的转动方向，就直接进入了从北极上空或南极上空看地球自转的方向的活动；第二位教师分了三步处理：①出示两幅地球转动的平面图，让学生结合钟面的秒针转动再次认识顺时针、逆时针；②结合地球仪的实物操作，让学生从北极上空观察地球的自转方向；③安排小组活动，从北极上空或南极上空观察地球自转方向的活动。最后再回到黑板的平面图。

第一位教师的教学过程中，学生有的是比画、感觉、认识；第二位教师采用了从平面模型图，到直观操作，再回到模型图的方式。就我自己的教学经验来看，各有优长。

	优　势	不　足
第一位	节约时间，学生按教师的设计步步跟进，环环深入，避免课堂中出现偶发事件。	不能把抽象的知识形象化，学生在教师的提示下能作出解答，但缺少一个立体转平面的过程。
第二位	首先让学生充分认识了钟表时针转动的平面模型，然后分析立体的地球自转，便于学生把立体知识平面化。	费时较多，对教师的课堂把握能力要求较高。

3. 课后反馈

课后我与第一位教师进行了交谈。教师谈到，课上担心学生回答不出来，造成冷场，所以有些问题放不开；其次感觉对如何设计恰当的问题，学生回答问题不到位时，教师如何引导缺乏思考。言谈中，发现教师对于科学课中如何帮助学生建立起合理的科学模型并没有认识。

课后设计了两个题目，两道题目都是让学生看图回答问题。结果发现，很多学生答错了，原因就在于学生看不懂图意。由此我判断，学生学习此课的障碍就在于难于理解"立体的地球图转换成平面图示"，而缘由就是学生没有建立起地球的平面模型。如果帮助学生建立起了平面模型，这有助于学生自己去发现新的知识，寻找创造性解决问题的方法和形成探究的精神。

4. 启示

如何将新课程理念落实为教师的行为，需要教师在课堂中进行很多思考，也需要很多方法，特别是如何从学生的已有认识出发，设计问题，精致教学环节。而我自己，虽然教了二十多年的书，但要在课堂上真正做得好，看来还需要认真学学课堂教学设计。

第二章　科学课应该带给学生什么

前面的话

这是一堂好的科学课吗？

- ■一节"遗憾"的科学课
- ■一节"失败"的科学课
- ■发现苹果的"穴道"

有意义的科学课应该是有兴趣的、建构的、丰富的

- ■有意义的科学课是追随学习者的
- ■有意义的科学课是师生共同建构的
- ■有意义的科学课是丰富学生学习体验的

科学课应该带给学生什么

- ■让科学课从惊奇中开始，在渴望中等待
- ■让学生知道科学需要不断探索和思考
- ■让学生体会科学知识内在联系带来的美感和幸福

声　音

- ■基于情境的国际学生评估项目测评对课堂教学的启示
- ■中国，呼唤对科学教育的觉醒
- ■一分之差能决定学生的好坏吗？
- ■科学是可亲的

研习推荐

前面的话

这一章是一位有着 20 年教龄的科学教师写下的。作为一名有着多年教学经验的科学教师，倪老师在思考，也在不断地进行着这样或那样的探索：科学课堂应该带给学生什么？什么样的科学知识才是学生最需要的？当学生毕业后，所从事的工作与科学学科本身不相关时，怎样表明他们曾经在倪老师的课堂上学习过科学？科学教师在教室里应该如何作为？

倪老师的文字和其他章节有所不同，他用了大量他亲历的或搜集的案例，告诉我们他对于科学课堂的认识，告诉我们一个优秀科学教师的作为。

这是一堂好的科学课吗？

■一节"遗憾"的科学课

在一节自然科学绪论课上，教师用纸板盒做了一个"黑盒子"，里面放了几个一元硬币，一个苹果，一把塑料尺，一个橡胶圈，一段棉纱线，还有一个用线绑在纸盒壁上的机械闹钟。一上课他就拿出这个黑盒，要学生不能破坏和打开盒子，用各种方法，说出里面有哪些东西，并对这些东西的特征进行描述。

学生们有闻的、有听的、有摇的，结果有学生说："我闻到了苹果的香味，里面肯定有苹果。"有学生说："我听到了滴答声，里面有一个钟。"还有学生说："我摇了这个盒子，发现里面有小东西在滑动，还有碰撞出的金属声音，好像是有几个硬币在里面。"教师一直在微笑点头，鼓励学生继续进行推断和尝试。等学生们不再提出自己的推断时，他问："有苹果香味一定表明有苹果吗？如果有苹果，是几个呢？苹果的大小怎样呢？是红的还是绿的？甜吗？"大家都说不知道，除非打开盒子。

教师说："这个盒子如果永远不能打开呢？大自然就是一个黑盒子，它永远不可能把隐藏的秘密一下子全部展示在你的面前，科学就是要通过各种手段去了解它隐藏在里面的秘密，有些秘密也许你永远也不会了解。"

这个时候，设定好的闹钟突然铃声大作，有学生说："里面一定是有一个闹钟！"教师笑道："大自然通过各种自然现象透露着它的秘密，但也许我们永远也不能穷尽我们对它的了解。如果这个盒子不打开，你还有什么方法可以知道里面的秘密呢？"有学生回答说："可以用磁铁靠近盒子，看能不能吸引住一些东西，这样就可以发现里面有没有铁做的东西。"还有学生说："可以用 X 光透视，看里面有什么东西。"……

直到最后，教师也没有把盒子打开，学生带着遗憾下课了。

■一节"失败"的科学课

在一次高一年级关于"振动"的公开课上，在数字化实验室里教师利用位移传感器，研究弹簧振子的振动图像。实验中接收器作为振子，而发射器放在振子的一端，传感器把接收器与发射器间距离的变化直接采集到后，在计算机屏幕上显示出正弦曲线，从图上可以得到振子的振幅和振动周期。参加展示的学生在课前也做了很好的准备，为了实验成功，教师甚至准备了两套发射和接收装置，几乎做到了万无一失。然而在几十双眼睛的注视下，这个实验竟然没有成功，屏幕上并没有出现预期的正弦曲线，而是出现了有规则的、细密的锯齿形图像。

讲台上做这个实验的学生满头大汗，执教教师更是心急如焚，坐在下面观摩的教师窃窃私语。恰在这时，执教教师抛出了一个问题："谁能告诉我们，为什么会出现这样的情形呢？是科学规律错了，还是我们错了呢？"

最后教师和学生共同从传感器、接收器到发射器，一个接头、一个连线仔细检查，最后终于有个学生发现，原来两个发射装置都打开了，接收器同时接受到了两个发射器的信号，造成了屏幕上的数据混乱，关掉其中一个发射器后，屏幕上立刻出现了预期的正弦曲线，大家终于松了口气。没想到有个学生突然举手："老师，为什么两个发射器同时打开，屏幕上会出现奇怪的规则曲线呢？"老师想了一下说："我也不是很清楚，这个问题就放在课后去研究好吗？"

■发现苹果的"穴道"

某中学生在读报时偶然看到一则科学报道："当人体的穴道上连接低压电极后会出现奇异的电阻变小的现象"，之后他便想通过实验来验证这个现象。他和同伴向任课的科学教师提出了实验方案和需要的实验器材，并开展了实验。实验也确实证明了这个现象是真实的，他们兴奋地向同学们展示自己的实验。同学们都表示惊奇，有些同学进而问他们："可是为什么会发生这种事呢？"他们就再去问教师，教师也不知道，鼓励他们再研究下去。但接下去的研究就困难了，因为他们无法对人体进行更深入的实验，比如解剖，等等。

正在一筹莫展的时候，有个学生异想天开地说道："人体有穴道，植物有没有穴道呢？"结果他拿了几个苹果来研究，发现苹果的表皮是不导电的，但其柄和苹果凹陷处竟然是导电的，就像两个穴道一样。进一步的研究发现，苹果的甜度和苹果柄、苹果凹陷处间的电阻存在着一定的关系，几个学生就不断深入研究，最终得到了一个甜度和电阻之间关系的经验公式。他们的研究成果被推荐参加市级中学生研究性学习成果展示，并获了奖。

在展示和交流过程中，有专家向他们建议："为什么不发明一种可以检验苹果甜度的简单甜度仪呢？"学生们回去后赶紧设计制作，最后做出了一个可以用来测量苹果甜度的简单装置，但是他们发现在实际使用中准确率只能达到 70% 左右，如何提高检验的准确率又成了他们新的研究课题。

有意义的科学课应该是有兴趣的、建构的、丰富的

■有意义的科学课是追随学习者的

1. 学生的兴趣是学习的起点

兴趣是学生成长中的能力的信号，它因年龄、个人天赋、以往经验以及社会机会的不同而有无数的差异，教育的重要任务是发现这种能力。将兴趣作为科学学习活动的起点，而非手段，在学生的探究过程中达成兴趣的实现。从根本上说，这也是对学生个体的一种尊重，有利于学生学习中主体作用的发挥，实现个性化的学习。

2. 满足学生的兴趣不是教学的终极目标

兴趣不应放任，也不应压抑，兴趣应成为达到较高学习水平的一种推动力。教学不仅要关注学生的兴趣，更要"引出"兴趣背后学生的需要，并帮助他们利用周围现实的客观条件，"深入"兴趣，将兴趣转化为问题，以此作为学习的新的出发点，能有效地引导学生主动投入学习活动。这样的学习活动，点燃了学生思维的火花，有利于培养学生对问题的质疑态度和批判精神，能使他们以跃跃欲试的积极态度去尝试解决面临的问题，在自由学习中获得快乐的感悟，获得对自我价值的认识和实现的体验。

■有意义的科学课是师生共同建构的

1. 学习是在师生共同"探究"、"对话"中不断发生的

科学课堂中，实验的失败或者不成功是特别容易出现的，这个时候恰恰是学生学习科学、探究科学的非常好的时机。因为它不是预设的，而是在特定的情境中，通过学生与教师的行为和相互作用，通过教师和学生对内容的理解，对内容的意义进行深入的解读，在"探究"和"对话"中不断生成的，是一种开放的学习过程。如案例中出现的问题是"为什么两个发射器同时打开，屏幕上会出现奇怪的规则曲线呢"，后来学生发现原来是由于两个发射器发射的超声波频率一样，发生了干涉现象，因此接收器在屏幕上反应出的图像实际上是干涉以后的结果。什么是干涉？干涉产生的条件是什么？干涉有什么实际的用途？等等一连串问题，促使学生围绕这一主题开展了新的研究和学习。对学生来说，在这个过程中始终是被真的探究牵引着，不断深入。这个过程没有固定的起点也没有特定的终点，但有界限，有着生动的经验，有多种可能性或多重解释，是丰富的。

2. 教师是平等中的首席

有意义的科学课堂是要改变学生的学习方式，这是研究性学习的出发点。在这样的学习中，知识的价值在于作为思考的焦点激发各种水平的理解，而不是作为固定的信息让学生接受，课程成为学生和教师共同探求新知的一种载体。

在这样的学习中，教师和学生的关系发生了本质的变化，教师和学生之间建立了一种新的关系，创造了一种新的学习文化：教师不再是知识的权威，将预先组织的知识体系传递给学生，而是学生学习的伙伴，与学生共同开展探究知识的过程。学生不再作为知识的接受者，聆听教师一再重复的事实与理论，而是怀揣着各自的兴趣、需要和观点直接与客观世界进行对话，在教师的指导下彼此讨论与学习，共享认识现实的课程发展活动。学生和教师是平等的。然而，教师和学生的平等，并不排斥教师的指导作用。在整个学习过程中，教师是"平等中的首席"。

"平等中的首席"界定了在课堂学习中教师的作用。作为平等中的首席，教师的作用没有被抛弃，而是得以重新构建，是从外在于学生情境转化为与这一情境共存，教师是内在于情境的领导者，而不是外在的专制者。教师的职责在于：透过一种警觉性的、启示性的倾听，以及从学生对话、共同行动、共同建构知识中得到启发，去协助学生发现他们自己的想法和问题，

注意和欣赏学生每一个点子的潜在力，再次启发，适时介入，凸显学生的潜能，而非问题；烘托他们的优点，而非缺点；呈现他们的权利，而非需求。而这种最理想的教学是复杂的、精细的、多层面的。

3. 能者为师在更高的层面上被接受

传统的三中心观念把教师视为教学的单一主体，学生是知识的接受者。有意义的科学课堂要创造一种新的互动的学习文化，教师是学习者、研究者和共同合作者。教师的学习应是终身的，学习不仅建构于教师团体，建构于自身，也与学生教学相长。在这种情境中，教师身为研究者，要让自己融入一种学习的情境里，质疑、修正和改变他们的教学实务，而非整理或复制以往的教学。教师的工作定位也突破了以往单纯传授、灌输的模式，向引导学生创新的方向发展，能者为师在更高的层面上被师生接受。

■有意义的科学课是丰富学生学习体验的

1. 学习不仅是书本与听讲，还要实践与做

新经济时代把知识分为外显知识与内隐知识，它们构成一个冰山模式，前者浮出海面，后者在下托起整个冰山。这后者，也就是内隐知识，它深深地嵌入于实践活动，是难以诉诸于文字的，只可意会而不能言传的默会知识，必须通过实践与做的行动学习方式才能达到培养和提高的目的。无数的实践证明：实践的技能很难诉诸于文字，科学的创新根源于默会的力量。

科学课要以学生的发展为宗旨，强调学生通过自主参与学习过程，亲历问题探究的实践过程，获得科学研究的初步体验，加深对自然、社会和人生问题的思考与感悟，激发起学生探索、创新的兴趣和欲望，建立一种主动发现、独立思考并重视实际问题解决的积极的学习方式。

2. 学习不仅是个体实践，而且是团体合作的社会实践

从活动与情境的视角来观察学习，学习并不是学校的专利，不仅仅是学习者个人头脑中形成特定概念与技能的过程，而且还是在向社会开放的系统之中，在人与人的相互沟通、对话与合作活动之中发生的社会性过程，是一种情境化的社会实践，是文化、历史情境化活动的一个方面。具体而言，学习不应当是学习者个人的知识习得的过程，而应当在社会实践活动中加以把握。人在真实世界中的活动，包括人与人的交往都是"习"得知识的重要途径。如果我们不与人交往，我们能学到的东西是很有限的，合作对于个人的学习是非常重要的。同时，合作也正在成为现代社会十分需要的能力之一。

科学课应该强调学生通过亲身体验加深对学习价值的认识，在思想意识、情感意志、精神境界等方面得到升华。课堂的开放为学生提供了一个有利于人际沟通与合作的良好空间。学生在学习中可以依据自己的兴趣和爱好，在合作集体中既独立思考、积极主动，又乐于与伙伴互相帮助、彼此协作；既自觉遵守合作规范，正确对待个人与集体关系，又在合作中协调好人际角色关系，与同伴主动交流、分享。在开放的情境中展示个性，发挥和开发自己多方面的才智。

3. 学生的情感体验不仅是学习的动力，而且应成为学生的学习内容

当代情感教育理论指出：情感并不是附属于其他心理活动的"副现象"，它是个体心理素质的重要组成部分，是"人类生存的适应机制，认识发生的动力机制，行为选择的评价机制，生命的享用机制"。因此，情感除了动力功能外，更重要的是它本身就是个体心理健康的核心内容和重要标志，有着其他心理素质所不能替代的作用。

有意义的科学课堂要让学生经历一个"设疑—析疑—解疑—质疑"的问题探究过程，学生对来源于学校生活和社会生活的问题进行探究，亲历研究过程，获得理智和情感体验，积累知识和方法，在不断同化新知识、构建新意义的过程中，了解知识的发生和发展，领悟自然和社会研究中所用的方法及进行的各种活动，在潜移默化中实现认识、情感、态度与观念的变化和发展。

科学课应该带给学生什么

《上海市中小学自然科学学习领域课程指导纲要》中指出："自然科学学习领域是上海市中小学实施科学教育的基础学习领域，以培养合格公民为基本点，全面提高学生的科学素养为根本目标，为学生的终身学习和发展奠定良好基础。

中小学自然科学学习领域以自然界一般的、基本的物质形态、结构、性质和运动规律作为研究对象，通过充分地科学探究获取自然知识的学习过程，使学生形成对自然界的认识和对科学规律的理解，学会基本的科学技能与方法，培养学生的好奇心和科学的态度与价值观，认识科学的历史与本质，并能发现问题，对科学问题作出明智的判断和选择，进而运用所学的科学方法成功地解决实际问题。"

科学课应该带给学生什么？指导纲要的表述偏重于要求。如果从学生们的感受角度来看，我觉得应该给予学生更多的惊奇、主动思考和幸福感，让

学生在科学课堂中有更多生动的感知、感悟和感动。

■让科学课从惊奇中开始，在渴望中等待

一位教师上科学课时，带了一小筐的废白炽灯泡，引起了学生的一阵猜疑。他问："如果我把一个白炽灯泡举高，让其自由下落到水泥地上，会发生什么现象？"

"会爆裂。"

"是吗？我先来实际做一下。"

教师操作时，坐在前排的学生还下意识地侧过身去，有个别学生还用手捂住了耳朵。

教师将灯泡举高，使其自离地2米左右的高度落下，结果灯泡安然无恙。学生的眼睛一下子亮了起来。

"这是为什么呢？"

"是不是因为灯泡比较坚固呢？"

教师笑而不答。他说："有没有同学想自己也来做一下？"

学生们纷纷举手。然后大家推选了6个同学进行演示。

第一个学生释放灯泡时，许多学生离开座位站立了起来，想看看灯泡为什么不碎。没有想到"砰"的一声响，灯泡碎了。虽然距离较远，但也把围观的学生吓了一跳。

"为什么老师做不碎，而我们做就碎了呢？"

教师提醒大家注意观察后面几个同学的表演，看能否从中看出什么。

后面的5个学生中，又有3个的灯泡落地时碎了，其余2个的灯泡没有碎。

一个学生说："我发现没有碎的灯泡释放时玻璃泡是朝上的。"

这个学生的发现引起了大家的注意，学生们要求再来一次实验。这次大家注意到了释放灯泡时玻璃泡的位置关系，当玻璃泡朝上释放时，下落的灯泡都没有碎，学生们高兴极了。

"为什么玻璃泡朝上释放时，灯泡不易碎呢？"

"如果高度再高一些，即使玻璃泡朝上释放，灯泡是否会爆裂呢？"

……

科学充满了惊奇，特别是在普普通通的现实生活中也有无数的奇迹，只是很多时候我们都习以为常了。科学课需要把这种神奇通过"极端"的手段表现出来，让学生感到震惊、疑惑和有趣，就像玻璃灯泡的这节课中，玻璃灯泡从高处掉下来，竟然不碎！这一现象对学生产生了强烈的冲击。这样的案例实际上有很多，但需要教师通过长时间的积累和研究，才能信手拈来。非常可惜，我们最常见的课堂，往往是从向学生提问上节课的内容开始，而且问的往往是"死问题"，学生们一听到上课铃声，就战战兢兢地祈祷，教师最好不要提问他，然后祈祷快点下课，这样的科学课堂，对学生们来说，与想象中的地狱估计差不多。

实际上，教师可以有许多作为来改变传统的授课方式。曾经有一位物理教师，在上课前有这样一个设计。

有一次公开教学活动，上课铃声响过了，上课教师手里拎着小黑板，匆匆忙忙地奔进教室，在门口摔了一跤，小黑板也磕了一下地板。等教师把小黑板挂到大黑板前时，学生们看见，原来这是一块电路的示教板，上面有真实的小灯泡、干电池电源和导线开关。教师把开关一合上，小灯泡却不亮，有学生说："老师刚才摔了一跤，肯定是灯泡摔坏了，换个灯泡就好了。"老师就换了一个小灯泡，可是灯泡还是没有亮。有学生说，可能是哪里松掉了……最后，在学生们的帮助下，小灯泡终于发光了，学生们长舒了一口气，认为帮了教师的忙了。结果，教师转过身去在黑板上写了"电路的故障"几个字说："今天我们上电路的故障。"

这节课的开始设计得很巧妙，为此教师还不惜假摔了一跤，造成了电路出现故障的可能性，并让学生充分参与到检查电路故障的过程中去。虽然没有用很复杂的教学技术，但教学设计却是极富创新的。假如每一节课，教师都能充分开动脑筋，让学生体会到不同的、富有创意的科学课堂教学，学生们就会喜爱科学课，喜爱科学教师，而师生关系在教学中是非常重要的、一个使学生成功学习的因素。

■让学生知道科学需要不断探索和思考

科学中没有一件东西是永远正确的。经典力学几乎全部建筑在牛顿绝对的时空观上，但爱因斯坦的相对论证明牛顿力学在物体高速运动时和微观世界里有错。长期而言，几乎可以确定爱因斯坦的相对论也一定会出现问题，至少他错的意义就如他证明牛顿力学是有错的一样。

当有学生问：所有的科学规律不都是得到实验证明的吗，为什么会出错？你就要告诉他：实际上，科学规律是通过实验探究归纳出来的，永远不可能验证它是绝对正确的，因为也许下一个实验就会发现这个规律是有缺陷的，所有科学实验永远是不完全归纳的，是有条件的。从这个意义上来说，实验是检验谬误的唯一标准。我们可能可以很容易地证明一个规律有错，但永远不可能证明一个规律是永远对的。

学生们平时做实验和做科学习题，总是相信有一个唯一正确的结果，但如果他们知道科学本身还有许多问题，需要不断探索的话，他们学习科学时的感觉也许会不同。你要让他们知道：犯错并不是发生在科学家身上最糟糕的事，最糟的事可能是"连犯错都不够格！"

科学是有生命的，她还在不断加速成长发育。科学规律和体系是这个活体的骨架，科技发明是这个活体的四肢，不断发现的新实验和新现象是这个活体的血和肉，而科学家则是这个活体的头脑。我们懂的东西越来越多，掌握的科技越来越先进，有趣的是我们不懂的东西反而更多，面临的挑战也更严峻。超导超流、纳米技术、生命现象、思维智能、材料能源、时空本原，等等一大堆东西正在困惑着当前最聪明的科学家们。

我们要让学生们知道，他们可能比亚里士多德知道得还多，甚至超过了牛顿，但可惜的是，人类的智慧并没有随着我们知识的增加而增加，要成为科学这个活体中的一个脑细胞，首先需要人的大脑是个能思考的活体，而不只是一个知识的容器。

■让学生体会科学知识内在联系带来的美感和幸福

科学很美，科学的美是简洁的，是富有想象力的。我们回顾一下人们对微观世界的认识过程，看看科学家们是如何描述原子的。汤姆孙一发现原子可以分成带负电的电子和其他正电物质，马上就端上来一个美味的撒满葡萄干的蛋糕，蛋糕就是原子的本体，葡萄干就是电子，因此汤姆孙像是个美食家。卢瑟福用实验发现原子里应该有个核，电子绕核旋转，就像行星绕太阳旋转一样，一个原子就像一个太阳系！这样描述原子，使得卢瑟福像个修辞学家。后来人们发现电子根本没有一定的轨道绕核旋转，原子中的电子就好像云雾般弥漫在原子核外的空间，就是所谓的"电子云"。电子云的意境是不是就像一首飘逸的朦胧诗呢？

科学从来不是把大自然的情操和美剥掉，使她只剩一群赤裸的方程式。维斯可夫说："事物都在雾中，而突然你看出一个结论来。它表达了深深在你心底的错综复杂；这错综复杂，把一直在你内心的东西连接起来，而这些东西以前从未被连接起来过。"

你给过学生这样的美感和幸福体验吗？

科学是一种生活方式，这并不是说科学为我们的日常生活带来了多少实惠，而是说科学中蕴涵的感情、哲理和态度对我们生活的影响。

科学最注重的就是怀疑的态度，如果总是相信一切已知的事实，科学就不会是今天的样子了。我们平常生活中如果没有怀疑和思考，那么就没有了发展的基础。

科学讲究互补，容纳多元。例如，光既可以是波，也可以是粒子。不要以为生活中的事物不是黑的，就是白的。和真理对立的不见得就是异端，因为真理可能有许多不同的面向。

科学并不总是证明因果关系，而更多的是描述事物之间的相关性，因为科学中到处存在着"不确定"和"混沌"。就像地震前有动物出现行为异常和地震这两件事之间只是相关，而不是因果。奇怪的是，我们总是在让学生相信任何事的发生都有理由，所谓的"无因不生缘，无缘不成果"，以至于大多数学生相信努力学习就会带来好成绩，可惜的是这两件事之间只有相关性，而没有因果必然，生活中大多数事情都是这样的。

在很多学生的眼里，科学课就是做科学习题，最多是多了几个验证性的实验，那么我们的科学教学肯定是失败了。假如我们的学生开始厌倦思考，仅仅满足于考试得到高分，周围的一切显得越来越理所当然，不再为自然的美感动，总觉得科学教师像个老妇人一样絮絮叨叨，没有新鲜的东西，那么他们可能正在越来越远离可爱的科学，这也许意味着他们正在逐渐丧失一种真正有价值的生活态度。更可怕的是，也许他们不再能感受到生命的颜色，就像得了色盲症一样。

声 音

■基于情境的国际学生评估项目测评对课堂教学的启示（王洁）

1. 基于情境的试题样例：酸雨[1]

酸 雨

以下是一张雕像的照片。这个雕像叫女像柱，2500 年前建造于雅典卫城。雕像由大理石制成，大理石的主要成分是碳酸钙。1980 年，原来的雕像因为被酸雨侵蚀而被移入雅典卫城的博物馆，取而代之的是复制品。

问题 1　正常的雨水略带酸性，因为它从空气中吸收了一些二氧化碳。酸雨比正常的雨水酸度更强是因为它吸收了像硫化物和氮氧化物之类的气体。空气中的硫化物和氮氧化物来自哪里？	这是一道开放式问答题，评估的是学生科学解释现象的能力。要回答这个问题，学生必须有相应的科学知识，即学生能够理解汽车废气、工厂排放和石料燃烧等化学知识，知道硫磺和氮氧化物是大部分石料燃烧或火山活动的产物。 得分的学生表现出他们具有回想起相关事实并解释大气污染是酸雨来源的能力，认识到氧化会产生哪些"物理系统"领域的气体产物。 由于酸雨会造成局部的灾害，所以它被设置在"社会问题"中。
问题 2　一片大理石薄片在被浸泡在醋里一整夜之前的质量是2.0克。隔天大理石薄片被取出并且干燥，干燥后大理石薄片的质量将会是多少？ A. 少于2.0克 B. 精确的2.0克 C. 在2.0克至2.4克之间 D. 多于2.4克	这个问题评估的是学生运用科学证据的能力。与这个问题相关的科学场景涉及人类所造成的危害，因此被设置在"人类环境保护"这类问题中。 这个问题要求学生利用提供的资料得出结论：醋对大理石的影响（酸雨影响的一个简单模型）。除了描述提供的证据，学生还必须利用相关知识，即大理石片与醋会发生化学反应。因此，大理石片质量会减少。
问题 3　进行这项实验的学生也将一些大理石薄片在纯净（蒸馏）水中放置了一整夜。请解释学生为什么要在实验中设计这个步骤。	这个问题的目的是引导学生确定科学论点并测量学生有关科学的知识。问题要求学生展现科学实验构建的相关知识，属于"科学调查"一类。学生在这一题得到满分，表明他既能理解、运用实验模型，又能用明确的方法来控制主要变量。得到满分的学生，他们在答案中必须指出：反应不会发生在水中；醋是必需的反应物。把大理石片放在蒸馏水中，证明学生理解了科学实验中要控制变量。

2. 国际学生评估项目测评试题的特点

上面是国际学生评估项目 2006 测评中的样题。从上述的例子可以看到，国际学生评估项目测试是基于情境的，即测评的题目是置于一个情境中展开的。具体来说，国际学生评估项目题目一般以特定的引导材料作为背景，这段材料可以是一段简短的文字，也可以是附有表、图或数据的文本等，其用意在于让情境尽可能真实、有效地反映现实状况的复杂性。国际学生评估项目题目所设计的情境，顾及学生的兴趣和生活背景，但不局限于学校生活，而是将问题置于一般的生活情境中。题目的情境背景大致可以分为三类：学生的个人生活、学生在社会中的生活以及全球的（世界的）生活。

国际学生评估项目 2006 要评价的是学生在题目所呈现的背景之中或与背景相关的情境下，运用科学知识处理包括健康、自然资源、环境、灾难以及科学与技术前沿领域的具体问题的能力。学生在答题过程中，需要识别情境中的科学问题，运用所具有的科学知识、选择合适的方法解决问题。也就是说，在这样的问题解决过程中，学生所展现出的科学能力、知识以及态度、价值观和动机，才是国际学生评估项目科学测评所关注的。国际学生评估项目 2006 所要测评的科学素养所定义的核心能力，不是科学知识的再现和复制，而是生活情境中的科学知识的应用。

这样的出题样式，淋漓尽致地体现了国际学生评估项目测试的取向，也反映了学校教学目标取向的变化，即越来越多地关注学生的思维方式和运用他们在学校里学到的内容能做什么，而不只看他们能否重现所学的内容。因为 21 世纪教育的挑战，在于帮助学生形成科学的思维方式，并使之在解决实际问题的过程中创造性地运用已获得的知识。

3. 国际学生评估项目测评对课堂教学的启示

（1）教师应给予学生怎样的学习任务

基于情境的国际学生评估项目测试试题，是依据国际学生评估项目 2006 以背景、知识、能力和态度四个相关联方面构建的科学测评框架（见图 2-1）建立的。这个框架以科学能力为核心，用"情境"引发对能力的要求，以"知识"和"态度"作为影响能力形成的基础。

科学能力是国际学生评估项目 2006 科学测评的核心所在，它体现在三个方面：①识别科学议题；②科学地解释或预测现象；③使用科学证明。这些能力根植于学生的逻辑、推理以及批判性分析中。透过这些科学能力，考查的是学生对相关科学知识以及科学知识本身的理解。

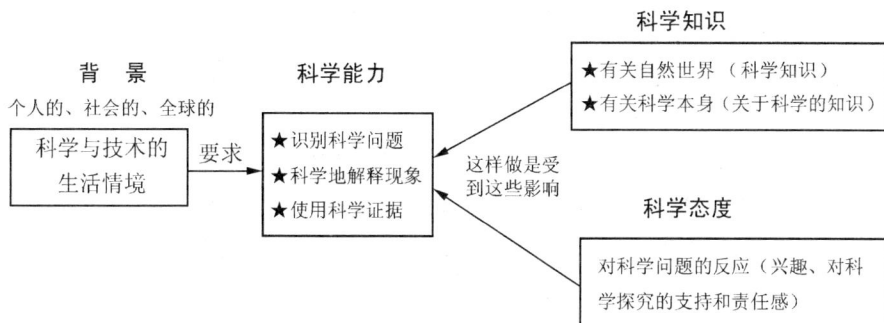

图 2 - 1 国际学生评估项目 2006 科学评价框架[2]

这样的测试和传统意义上的测试是完全不同的，它启示教师：在课堂教学中要关注的绝对不仅是知识和概念，更需要关注的是学生的"求知"。"'求知'（knowing）的意思是指从能够记忆和复述信息转向能够发现和使用信息"。[3]在这样的目标导引下，教师在课堂教学中的教学任务就发生了改变，也就是说，教师的教学任务不是要求学生以常规方式完成一个暗记于心的程序或者概念，而是要求学生使用概念，有目的地建立与意义或相关科学能力的联系。这样的任务能使学生进行更复杂的思维和推理。完成这样的教学任务，教师在课堂教学中要做到以下几点。

①帮助学生形成识别科学议题的能力。识别科学议题的能力包括：在既定的情境中识别出有可能做科学调查的问题，找出有助于寻找与某个既定主题相关的科学信息的关键词，以及识别某个科学调查的关键特征。例如，"酸雨"中的第三个问题要求学生确定科学论点并测量学生有关科学的知识。题目主要是让学生构建科学实验的知识，但前提是学生具有这方面的知识（酸是必需的反应物，反应不会在纯净水中发生等）和理解科学实验中要控制变量。

②帮助学生发展在既定的情境中合理应用科学知识、科学解释现象的能力。这方面的能力包括：描述和解释现象，预测变化，识别合理的描述、解释以及预测。例如，"酸雨"中的第一个问题就是一道开放式问答题，得分的学生表现出具有回想起相关的事实并解释大气污染是酸雨来源

的能力。

③帮助学生形成使用科学证明的能力。使用科学证明包括：对科学的信息进行评价，基于科学证据进行辩论并总结。此外还包括：在与证据有关的诸多结论中进行选择；对结论加以辩护或反对；识别假设；用自己的语言、图表或其他合理的方式，向其他人展现证据以及作出决策，等等。

（2）教师应如何把"学科学作为一种过程"

《上海市初中科学课程标准》[4]（试行稿）（以下简称《课程标准》）提出"注重培养全体学生的科学素养"的课程理念，并将科学素养表述为三个方面：知识与技能；过程与方法；情感态度与价值观。科学课程"要通过提供科学探究的机会，并结合其他学习方式，使学生参与到做科学的活动中来，体验科学探究的曲折与乐趣"。由此可见，《课程标准》中不仅将"探究"作为学科学的中心环节，而且特别强调把学科学作为学生发展诸如观察、推断、实验等诸多能力的过程。要做到这点，科学课堂的重点就不再是传授知识、讲解科学题目，而应注重让学生在理解的基础上学习科学，把重点放在落实"过程与方法"的目标上。

2009年6月，我们对上海市一个地区的小学科学教师和初中科学①教师进行了一次问卷调查②（有效问卷129份）。问卷结果显示：57.4%的教师对在课堂中落实"过程与方法"感到困难，其中3.7%的教师自述，"没有弄清楚过程与方法到底是什么"；20.4%的教师对"如何在课堂中落实过程与方法，没有操作性思路"；也有61.1%的教师认为"有落实过程与方法的思路，但课堂中缺乏支持条件"。

对于上述近八成的"没有思路"和"需要提供支持"的教师来说，国际学生评估项目2006测评中关于科学能力熟练水平的六个等级的描述以及"学生可以完成的任务"的提示，如表2-1所示[5]，可以为教师课堂教学提供指南。每个等级中的信息对不同熟练级别的科学能力进行了简要说明，这些简要说明可以概括典型的科学水平与每个学生的水平。

---

① 上海中小学中预备初中年级和初一年级开设科学课，之后的年级分设化学、物理和生物学科。

② 该调查采用了多段整群随机抽样方法，样本设计考虑了不同类型的学校、专兼职教师以及男女教师性别等因素，覆盖了该地区所有的科学教师。问卷是在访谈和调查的基础上设计编制的。

表 2 - 1　国际学生评估项目 2006 科学能力熟练程度的描述[6]

熟练水平	科学能力		
	识别科学议题	科学解释现象	使用科学证据
6	理解和阐明研究设计中复杂的内在模型。	能利用一系列抽象的知识和概念以及它们间的关系。	可以通过检查做比较和鉴别相似的解释。能用多个来源的证据确定论点。
5	理解科学研究中的基本元素，决定科学方法是否可在复杂情况下或抽象背景下使用。通过分析实验，明确要调查的问题，解释方法论与问题间的关系。	能使用含有两到三个科学概念的知识，并在解释具体现象时明确它们之间的关系。	能够解释来自于相关资料的各种各样的数据。能识别和解释数据中的相同点和不同点，并在组合证据基础上提出结论。
4	识别研究中的变化和测量变量并控制至少一个变量。能提出控制变量的适当方法。阐述直接研究的问题。	对抽象的科学思想和科学模式有一定了解。能应用一般的科学概念，包括现象解释观点。	能总结数据，用多种方式如表格、图形和图表来说明。能利用数据得出相关结论，判断数据是否支持结论。
3	判断问题是否适于科学测量，并进行科学调查。由对调查的描述来确定其中的变化和测量的变量。	能用一个或多个明确的科学观点/概念解释某一现象。当给出具体线索或选项时，可提升解释。在做一种解释时，能识别出原因和结果的关系，并有可能动用科学模式。	能从数据中选择相关信息回答问题，支持或反对结论。能从数据资料中得出不完整或简单的结论。能在简单的情况下作出判断。
2	可以确定某研究中的变量是否可用于科学测量。认识到研究人员对变量的操纵（变化）。可以鉴别简单模型和所模拟现象之间的关系。	能回忆起适当的、确凿的，应用于简单情境中的科学事实，并用它解释或预测出结果。	了解什么可以和什么不可以用科学仪器来测量。从一个特定的实验中选出最适当的既定目标。意识到在一项实验中发生的变化。

1	能提出科学话题的合理信息来源。可以识别实验中正在发生变化的量。在具体的情况下，识别这个变量是否可用熟悉的测量工具进行测量。	能根据相关的提示识别简单的原因和结果之间的关系。所借鉴的只是来自于经验或是社会上一些流行的观点。	能从事实或相关图表中提取信息。能从简单的图表中获得信息。这个级别有经验的学生可以由原因推出结果。

"国际学生评估项目科学素养"是一个连续统一体。其中，水平 2 被定义为"基准"水平。如果学生的表现在这个基准之下，则说明他们尚不足以加入 21 世纪的劳动大军并作为生产公民作出贡献。应该说，相对于《课程标准》来说，国际学生评估项目科学能力熟练程度的详尽描述能对教师在课堂上发展帮助学生克服困难的潜在策略，运用适当的"铺垫"帮助学生建立已有知识和新知识之间的联系等有一定的启发。

（3）教师应如何关注学生的科学态度和情感

国际学生评估项目从首轮研究开始，就分析学生对学校和学习的情感和态度，把情感态度作为影响学生素养的重要因素。国际学生评估项目评价的"学生素养"指的是应用能力和终身学习的能力，不仅与学生的认知能力水平有关，还与学生的学习态度、情感和学习策略有关。国际学生评估项目 2006 测评首次把科学态度作为科学素养评价的一部分。国际学生评估项目 2006 在三方面评价了学生的态度：对科学的兴趣，对科学探究的支持，以及对资源和环境的责任感，如表 2-2 所示。

表 2-2 国际学生评估项目 2006 态度评价领域[7]

科学兴趣	对科学探究的支持	对资源和环境的责任感
■表现出对科学以及与科学相关议题的好奇心和努力 ■表现出利用大量资源和方法探究其他科学知识和技能的意愿 ■显示出寻找信息的意愿，对科学具有持续的兴趣，包括考虑从事与科学相关的职业	■认识到考虑不同的科学观点和争议的重要性 ■支持采用事实证明以及理性地解释 ■在得出结论前需要一个富有逻辑的、细致的过程	■对保护可持续的环境显示出个人的责任感 ■在个人行为上体现环境意识 ■显示出保护自然资源的行动意愿

国际学生评估项目 2006 不仅用学生问卷来了解学生对科学的态度，还把态度问题整合在学生科学能力测试题中。换言之，学生对于科学探究的支

持、对学习科学议题的兴趣以及对环境和自然的责任感都是以嵌入式问题直接在测试中显现的。这比用单独的学生问卷来问一般的态度问题更具体，更能真实地反映学生的想法。例如在酸雨样题中，有两道关于学生科学态度和情感的问题。第一题是关于"酸雨"的态度问题，目的在于查明学生对这一话题感兴趣的程度。第二题是了解学生对在这方面进行进一步研究的态度。

对于下面的信息，你有多大兴趣？ 请在每一行中仅选一个方框打勾。	兴趣高	兴趣中等	兴趣低	没有兴趣
a. 了解哪些人类活动会导致酸雨	□$_1$	□$_2$	□$_3$	□$_4$
b. 学习尽量减少造成酸雨的排放气体的技术	□$_1$	□$_2$	□$_3$	□$_4$
c. 了解修理被酸雨损坏的建筑物的方法	□$_1$	□$_2$	□$_3$	□$_4$

你对下列问题同意的程度如何？ 在每一行中只能勾选一个。	十分赞同	赞同	反对	强烈反对
a. 古代遗址的保存应建立在科学地确认损坏原因的基础上	□$_1$	□$_2$	□$_3$	□$_4$
b. 必须基于科学研究陈述造成酸雨的原因	□$_1$	□$_2$	□$_3$	□$_4$

对于国际学生评价项目测评结果的研究表明：①学生的学习兴趣、自信心和焦虑水平对学习成绩影响大。调查中，只有47%的学生表示学校的科学课程很容易学。国际学生评价项目2006的数据显示：对自己能力有自信且对学习过程不焦虑的学生，更有可能获得好的成绩。学生的自信心和平均成绩之间有清晰的统计学关系。②只有少数人表示愿意从事与科学相关的职业。67%的学生表示享受获得新的科学知识的乐趣；67%的学生认为科学对他们是有用的。但是只有21%的学生会定期看有关科学的电视节目；13%的学生会访问与科学有关的网站；8%的学生会到图书馆借阅科学书籍。此外，只有37%的学生表示他们以后打算从事与科学相关的职业；21%的学生表示他们将终身致力于科学事业。

参考文献

[1][2][4][6] Assessing Scientific. Reading and Mathematical Literacy：A Framework for PISA 2006 ［EB/OL］. http：// www. oecd. org/document/32/0,

3343,en_2649_39263231_37468320_1_1_1_1,00.html.

[3][10] 经济合作与发展组织. 面向明日世界的学习——国际学生评估项目（PISA）2003 报告 [M]. 上海：上海教育出版社，2008：5，175.

[5] 约翰·D. 布兰思福特. 人是如何学习的——大脑、心理、经验及学校 [M]. 上海：华东师范大学出版社，2002：15，15.

[7] 上海市教育委员会. 《上海市初中科学课程标准》（试行稿）[M]. 第 2 版，2004.

■中国，呼唤对科学教育的觉醒

韦钰（中国工程院院士，中国科协副主席、中国教育部原副部长、东南大学原校长）

我们希望探索如何使孩子适应 21 世纪的文化，科学教育不仅改变了孩子学习的方法，也在改变着他们生活的方式。科学教育绝不只是多教知识给孩子，更不是让孩子更好地去对付考试，它不是急功近利的，而是要培养学生科学的学习方法、科学的生活方式和科学精神。

现在许多人对儿童科学教育改革的重要性却还没有感觉，这能不让人感到焦虑吗？对于中国来说，问题不在于差距，而在于觉醒。教育界需要觉醒，需要和社会各界，特别是科学家一起共同进行教育的改革。

■一分之差能决定学生的好坏吗？

杨福家（复旦大学原校长、英国诺丁汉大学校监、核物理学家）

一天，我的一位同事说，女儿只考了 99 分。我说，99 分与 100 分仅一分之差，我搞物理实验误差 50% 已是世界水平了。我的同事马上说"差一分能进复旦大学吗"，但一分之差就能决定学生的好坏吗？

不久前报上公布我国差生有 5000 万，什么叫差生，我们的质量标准又是什么，仅凭分数划分好坏吗？

我有一位师兄，平时学习成绩马马虎虎，有时甚至不及格，但他磨玻璃磨得非常好，老师、家长不高兴，但一位二级教授却帮他一起磨，当然也教育他，书还是要读好，这是最基本的东西。结果他毕业后在紫金山天文台工作，为我国的超高水平天文望远镜作出了极大贡献。人没有全才，但人人都有才。

■科学是可亲的

张开逊（中国发明学会副会长、著名发明家、教授、全国政协委员）

现在人们把科学和技术已经提到了一个非常非常高的高度了，高得已经让孩子们不知它有多大，多了不起了。我认为青少年科技教育的一个很重要的任务就是让孩子们感到科学是可亲的，是非常亲切的。每个人都能够在自己的基础上和自己的环境中去理解、运用、享受、欣赏和发展科学。如果孩子们有了这种观念，他才会觉得自己与科学是亲兄弟，他们才会热爱科学。孩子们还有一种错误的理解，觉得科学的事情科学家们都弄明白了，什么事情院士都知道了；好像自己不到科学院、不到什么所就和科学无缘，同时科学上不知道的东西已经很少了。要让孩子们了解这样一个图像：就是人们的知识实际上是一个圆，这个圆里面的面积是我们所理解的、所知道的东西；当你知道的东西越多的时候，圆外面不知道的东西也就越多，那个世界也就越大，未知的东西也就越多。让孩子们了解，人类的探索活动越是深入，它的领域越是广阔，人们不知道的东西就会越多。随着科学和时代的进步，给孩子们提供在科学中取得成功的机会是越来越多的，而不是越来越少的。科学不像采矿或者考古，就那么多东西，你挖到后来就没有了。科学不是这样的，越是探索，孩子们的机会也会越多，要让孩子们树立对科学的信心。

另外要让孩子们理解，我们是生活在一个技术不断变化的时代，我们每一件东西，都是可以改进的，可以做得更好的。实际上每一件发明都是未完成的发明，孩子们在每一个问题上都可以去探索、去创造。同时在谈到高科技的时候，不要忘了让孩子们知道，很多非常小的、简单的发明对人类也是非常重要的。不要让孩子们觉得：我无缘高科技。现在有一个荒唐的做法：把高科技就界定为六大领域，不是那些领域的都不是高科技，不是高科技就不值钱，这是一种非常简单、混乱的逻辑。实际上所有真实的发明都是很小的，看起来很小的发明对人类的作用是非常巨大的。前不久有一个学会在网上举办了一次"评选2000年以来对人类影响最大的发明"的活动。根据统计票的结果，选出了11件。这第一件大家可能都猜不出来是什么？是眼镜。眼镜实际上是1210年在一个英国的修道院里，道士在磨碎玻璃片时，磨完一看发现能使老花眼看得更清楚。到1310年时，中国元朝的皇帝已经用上了老花眼镜，传播非常快。可是经过了200年，直到1510年，人们才磨出来凹透镜。近视镜出来以后对人类影响就更大了。因为它使千千万万的有志探索、有志学习的人，包括普通人和智者，他们不再由于自己视力的缺陷而成为残疾人，被排斥在社会生活之外。眼镜出来之后，人们就很自然的把镜片组合起来做成了望远镜、显微镜，以后引起了科学、天文学、现代意义上的生物学和医学的巨大进步。所以要让孩子们了解真实的发明都是小的，有些非常简单的发明对人类的意义是非常大的。从这个意义上说，任何手段和任何文化程度的人都可能成为生活和创造的主人。这样才能唤发出他们对科学技术的信心和激情。我觉得有这种理性的认识才会唤发他们的进取心。这是青少年科技教育要注意的第一个问题。不要把创新和高科技看成是贵族的、少数人的事业，把我们的孩子排斥在外。

（来源：张开逊谈青少年科学教育 http：//www. sedu. org. cn/n594041/n666805/19075. html）

研习推荐

《美国国家科学教育标准》

该标准是 20 世纪末，在美国科学教育多年改革的基础上设计出来的。吸取了美国科学教育实践领域的大量优秀经验，在内容、结构、思想上都值得研究和学习。该标准提出，科学是面向全体学生的，学习科学是学生自己去做而不是别人为他们做的事情，学习科学是一个积极的过程。标准设想出这样一个能动的学习过程，在这一过程中，学生描述事物、提出问题、阐明解释、验证这些解释并和别人交流其观点。通过这种方法，学生们建构起过硬的科学知识体系、使用知识解决新的问题、学习怎样清晰地交流并建立起批判的、逻辑的思维技能。

吴国盛 《科学的历程》

该书将思想史与社会史熔于一炉，系统梳理了世界科学技术史，其间渗透了编史观念和科学观念的全新理解。指出"科学"一词的一般含义是"人类在与生存环境相适应相协调过程中产生的理性知识"，指出中国历史上存在一种与"近代自然科学"不同的"科学"，它们在自然观、方法论上表现出各自的特色；还指出，近代自然科学亦有两种传统，一是数理实验科学传统，一是历史博物科学传统，这两种传统是西方文化中"空间性思维"与"时间性思维"方式在自然科学领域的体现。

沈致远 《科学是美丽的》

科学求真，真中涵美；艺术唯美，美不离真。该书以科学散文的形式将两者相结合，发掘科学大千世界之旷世奇美，供读者欣赏。本书触及科学前沿的方方面面，但表述深入浅出。可以让人学到许多先进科学知识和学习方法，而且可以在充满科学美的氛围中陶冶性情，得到感悟。

帕迪利亚 "科学探索者"丛书

实际上是一套学生学习的科学教材，涵盖面很广，在丛书中借鉴了大量学生开展自主实验活动的案例，并在实践中应用和调整。对科学教师来说，可以从中借鉴许多活动设计和实验方法，并对科学本身的理解产生新的刺激。

威廉·艾斯勒等 《走进中小学科学课——全景式教学方法》

通过本书了解了美国教师是如何组织儿童科学教学的，如何通过建构主义探究方法教授科学，如何教授儿童解决科学、技术和社会问题，并且从中学到了许多开展自主实验非常好的案例。

大卫·杰纳·马丁 《走进中小学科学课 建构主义教学方法》

通过本书了解了目前西方发达国家在科学教育中应用技术、对科学教育的过程评估等方面的做法和理念。

霍华德·加德纳 《多元智能》

通过本书了解了全面描述学生多种智能的理念和方法，并对实验能力作为一种智力进行了一定的深入研究。

《科学教育改革的蓝本》

通过本书了解了美国开展"2061计划"的思路和做法，并对美国在学校环境、教师培训和资料来源方面的具体做法有所了解。

《面向全体美国人的科学》

通过本书了解了美国关于科学素养的建议以及如何通过有效的教和学来讲授科学和技术。

比尔·布莱森 《万物简史》

这是一部有关现代科学发展史的既通俗易懂又引人入胜的书，作者用清晰明了、幽默风趣的笔法，将宇宙大爆炸到人类文明发展进程中所发生的繁多妙趣横生的故事——收录笔下。惊奇和感叹组成了本书，历历在目的天下万物组成了本书，有助于读者了解大千世界的无穷奥妙，掌握万事万物的发展脉络。

第三章　科学课小组活动背后
隐含的是什么

前面的话

■为什么要谈这一话题
■几个供参考的观点

观察案例

■学生动手做了，为什么他们还是不明白

评述与分析

■教师在学生活动时应当做些什么
■科学需要动手做，还要动脑想
■如何观察学生的小组活动

声　音

■为什么需要"合作学习"
■学生的理解应得到充分尊重
■合作，而不是"合座"
■先考虑思维深度，再考虑活动频度
■科学探究的过程就是科学思维的过程

研习推荐

　附：课堂案例实录

前面的话

■为什么要谈这一话题

对于小组活动（或者说合作学习），我们的反应可能是：这在所有学科教学中都会采用，这也是课程改革所倡导的重要学习方式。对于科学课而言，小组活动具有怎样特别的意义，所以要摆出来讲呢？

无论是全国还是上海的科学课程标准，都非常强调"科学探究活动"的教学。我们从自己的学习经验中也可以感受到，科学是一门实践性很强的学科，实验和实践活动对提高学生的科学素养十分重要。"探究"具体到行动上就是强调"做"，自己做，或几个人一起做。在这里，就要学生自主学习或合作学习。

我们要说的是合作学习。

合作是为了什么？是为了让学生获得相互交流的乐趣，还是活跃课堂气氛，还是让学生学会与人合作……可以说，这些都是"附加"的作用。用日本教育学者佐藤学的话来说，合作学习的真正意义在于"通过与同学的合作，一个学生能挑战其不能达到的水准"。① 注意，是"挑战"！当一个人的能力不够、智慧不及时，需要寻找帮助，合作学习便自然发生。在任何的学科中，都可能遇到挑战性的学习任务，这时候需要学生相互协力，这便是一种合作。教师在课堂上安排的小组活动，就当以这样的目的来考虑。

对于科学课来说，还有额外的一个理由。因为这是一门需要"动手做"的学科，大多数时候，科学教师会为四人小组准备操作材料，这种看似习惯的做法是有道理的。一方面要考虑到经济性，既包括材料上的经济，也包括时间上的经济。四个人花一段时间来完成一个任务，自然要比一个人花时间做要经济得多。同时，这样的规模又可以实现每个人能比较充分地参与，开展比较充分的对话。

---

① 佐藤学. 学校的挑战：创建学习共同体［M］. 钟启泉，译. 上海：华东师范大学出版社，2010.

这是我们要澄清的第一个问题，即学生小组活动对于科学课的意义。

此外，若从整节课来考虑，要看：教师的教与学生的活动之间是否"协同"，也就是，在一节课里，学生的合作学习是否是朝着最终要达成的教学目标推进。我们也常常会看到教师们会为了"合作学习"而在一堂课里安排各种各样的活动。这样会有什么问题？

2006 年，国际学生评估项目中，科学是主要的评估领域。其中，此项目对学生所经历的学校科学学习进行了问卷调查，美国的研究者发现：在美国的课堂中，学生"研究活动"随处可见，其频率超过了经济发展与合作组织的平均水平，然而在一些高成就的国家，如芬兰、日本、韩国，课堂中活动发生的频率均低于经济合作与发展组织平均水平。这个结果说明了什么？研究者认为，在芬兰、日本、韩国等国，科学教师往往把更多的时间花在对科学活动的选择上。一旦计划、组织好，学生则可花更多时间来活动。这一发现也再次证实了"少教多学"在实践中的可能性。对于科学教师而言，重要的不在于学生活动量上的多少，而在于教师的教与学生的学之间是否有更多的"协同"，这对于教学效果具有重要的影响。[1]

这是我们要澄清的第二个问题，即学生小组活动与教之间的关系。

■几个供参考的观点

• 科学课中小组活动背后是科学思维的推进。小组活动的安排最终是为了达成这节课的教学目标，所以关键的是思维的递进，不是为了活动而活动，更不是为了营造课堂气氛而随意安排的。

• 教师在学生活动中的作用不可或缺。除了让学生"动起来"，更重要的是在"巡视"的过程中要特别留意，发现他们中的"典型"，包括成功的做法和失败的做法，通过发现问题、亮出问题、讨论问题，来帮助学生共同解决问题。

• 作为小组活动的观察者，要认识到，用各种量表收集数据只能作为观察的一部分。学生的小组合作学习中，包含着丰富的儿童学习的社会学意义，教师要洞察每一个互动、对话背后的内容。这些可以通过关键事件的方式来记录。观察者就是一台有着即刻判断、分析能力的摄像机。

---

① Rodger W. Bybee, Barry J. McCrae. PISA Science 2006, Virginia：NSTA Press，2009.

观察案例

此案例聚焦于一组学生的活动，由此折射学生在教师所安排的"小组活动"下的真实反应。面向全班，我们或许很难发现这些细节，而这个四人小组所反映的，又不单单是他们特有的，谁说这里不隐藏着普遍意义上的问题呢？

■学生动手做了，为什么他们还是不明白

这是一堂六年级的关于物态性质的科学课。授课教师准备了一张班级分组的详细图表，上面有各组组员姓名、性别，甚至排名，等等，这为课堂观察者有目的地选择和观察提供了非常方便的参考。我一眼"相中"一组：两名女生的成绩排名非常靠前，两名男生的成绩排名属于落后，虽然不能以成绩来对四个你根本不认识的孩子做判断，这实属不公，但我在短时内只能以这个数字来估计他们的学习能力，我想看看教师心目中所谓"好学生"与"差学生"之间的合作会是怎样。

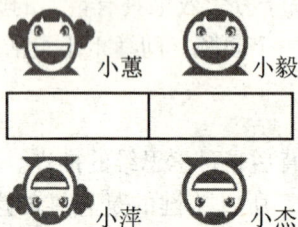

图 3－1　四人座位分布

【课前分工】 课前，教师让各组进行分工，并把姓名填在工作单上。其中组内角色包括：组长（负责控制节奏、管理纪律、分派工作），书记员（填写工作单、记录主要发言），主操作手（负责具体动手实验，其他成员协调），观察员（负责观察和监督实验过程、口述协助书记员记录）。

他们很快就分完工，女生小萍正在工作单上写大家的名字，小萍就是书记员。我很好奇，问离我最近的男生小杰"你们是怎么分工的？"他告诉我谁谁负责什么，又有谁负责什么。我说："那么你呢？"他很快回答我："我是观察员。""为什么这么分工呢？"我问。他愣了一下，我看他说不上来，于是问他："是你擅长观察吗？"他没有回应。"还是随便分的？"我还是不甘心地问他。同桌的女生小萍也转过来，两个人都在想怎么回答我，却不知道说什么。我继续问小杰，"那么你想做什么？""我想当操作手的，但是我是观察员……"他似乎有些小失望。

整节课，授课教师有层次地安排了四次小组活动，分别是：辨认物质的三态，探究气体的性质，探究液体的性质，以及探究固体的性质。整个安排是很有意识地呈阶梯式。教师从完全演示，到部分演示，到完全放手让学生做，一点点地让学生开展小组活动。照理说是行得通的，但实际上，学生们是怎样反应和表现的呢？

【活动一】 第一个活动是在书上的图片中分别找出哪些是液态物质，哪些是气态物质。教师还安排了组间竞赛，看哪个小组最先完成。

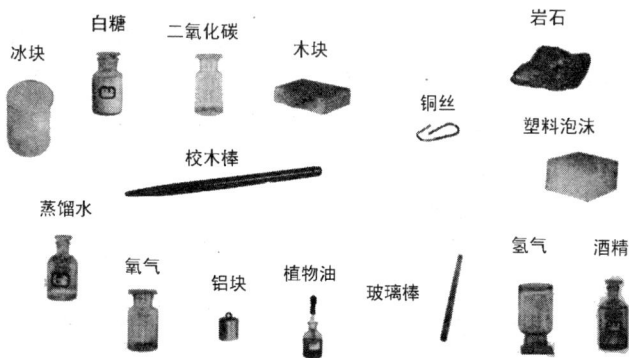

图 3-2　辨认物质的三态

尽管在教师要求"小组合作"的指令下，课堂里开始响起议论声，但我所观察的这个小组，四人都埋头于自己的书本，没有任何商议。前排的男生小毅和女生小蕙头也没有转过来。看起来，这四人对于这样的"竞赛"似乎不是很感兴趣，当然，小组中也没有"领袖式人物"组织其他三人一起来完成任务。此外，我也在想，每个人明明都有属于自己的课本，任务又相对简单，有必要"小组合作"吗？这是我猜测他们各自单干的可能理由。

我担心，后面的活动他们不会也都这样吧，那岂不是太令人失望了？

在学生完成后，教师请了一组学生起来回答，答案显然也是没有任何疑义的，这个活动对他们来说似乎太"容易"了！随着教师提出"这一眼就能辨别出来的三态，区别究竟是什么，该如何辨别"这一问题时，便进入到分别探究三态特征的环节。

【活动二】 第二个活动是探究气体的性质。教师在讲台上分别演示两个小实验，带领大家一起观察空气和二氧化氮的形状和体积变化问题。每完成一个演示实验，就让学生在任务单上填写观察结果，归纳气体的性质。

在我观察的小组里，女生小萍作为书记员，在工作单上写着观察结果……观察员小杰在一旁嘟囔着他心里的答案。似乎也没什么异议，因为都是直观看到的。

突然，大家在一个问题上产生了分歧。"空气的形状_____（固定/不固定），二氧化氮的形状_____（固定/不固定）"。女生小萍、小蕙和男生小杰都认为"形状不固定"，但是男生小毅提出"空气形状固定，二氧化氮形状不固定"，在别人均表示不同意时，他努力解释说"刚才老师把二氧化氮瓶扣在上面的时候，里面的黄色气体是散下来的；但是空气放在上面的时候，并没有变化啊……"（注：其实是散发得有点慢，教师在课堂上也做了澄清，他可能没仔细观察），其余三人还是继续填写他们的答案，没有人想跟小毅解释，这家伙只能一个人在那里"摸不着头脑"……

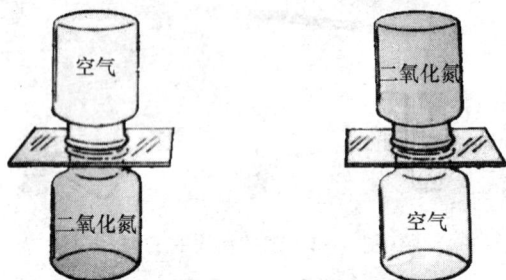

图3-3　研究气体形状的实验

看来，这份工作单上最后填写的尽管是正确答案，但并不全是小组的共识，至少有人有疑惑。

工作单填写完后，教师选了一组学生交流他们的记录。按照单子上的提示，学生正确无误地回答了所有的内容，并归纳出气体的性质是：形状不固定，体积不固定。教师则在黑板上把这一性质写了出来。这一活动就算告一段落了。

【活动三】第三个活动是探究液体的性质。这时候，教师只演示了水的实验，包括将水从量筒倒入烧杯，以表明形状发生变化；通过让学生看刻度，以表明体积不变。然后则由学生自己来研究其他两种液体：牛奶和酒精，并将结果写在工作单上。

作为组长的小毅，虽然对刚才的答案有些疑惑，但是上去取材料时是不带犹豫的，因为这是组长明确的职责嘛。他捧了几个瓶瓶罐罐回来，有牛奶，有酒精，还有水。工作单上要求对三种液体的透明度、颜色、形状、气味以及体积进行观察和填写。水的这一栏是老师已经演示过了。小组需要完成其他两种液体的观察和实验。小蕙是操作员，大家催促她来看颜色，闻气味。她取了一瓶牛奶准备闻。"肯定有味道啦，每天都闻。"男生小毅显然对于这样的观察不屑一顾。

要闻酒精的时候，小蕙有点犹豫，小毅不知什么时候开始也在操作了，他很感兴趣地闻闻酒精，把酒精倒来倒去（观察形状、体积变化），期间也没有规范地使用胶头滴管，似乎是嫌滴管太慢。小蕙作为操作员也在操作，不小心把酒精滴在了桌子上，手上也沾了些。两个女生都下意识地后退了下，"呃，怎么办，酒精洒了。"小杰在一旁插话了，"没关系啦，酒精而已啦，正好给你消消毒……"这句来自男生的"安慰"似乎还算起作用，她们拿出餐巾纸来擦。她们大概以为酒精会腐蚀皮肤和桌子。

这里发生了有意思的小插曲。

在这个环节中，书记员的角色始终保持着不变，但是操作员发生了转移，因为大家都对"动手"很感兴趣，所以两个男生都不由自主地去摆弄这些瓶瓶罐罐。而且，大家关注点放在动手这件事情本身，把科学操作中应遵循的一些基本规范都抛在了脑后。如果教师能在此之前有所强调，尤其强调观察员的责任的话，或许会稍微好一些？

在这样的合作中，我们总会以为应该是"好学生"帮助"差学生"，或者出现"弱者"游离在外的情况（弱者中既包括成绩不太好的，也包括不合群的学生）。然而，我看到了一种同样可称之为"若无其事"的帮助（佐藤学的案例中提到一种"若无其事"的帮助），或者说是"不经意"的帮助。男生小杰熟知酒精的特性，所以在两名对酒精泼洒出来表示不确定的女生面前，很自信地说了句"没关系啦"，缓解了女生们的紧张情绪。而这种"帮助"与"认识"，怕是在考试中无法体现的。

汇报交流时，一个学生将表格中牛奶和酒精的所有性质读了一遍，依旧正确无误。随后教师便边写板书边总结说："由此可以推断液体的性质，形状不固定、体积固定。"对于液体，学生似乎也通过简单的操作"归纳"出了性质。

【活动四】最后一个活动是探究固体的性质。这时候，教师不做任何演示，直接让学生对准备好的固体材料进行观察和研究。包括要研究哪几个项目，也都让学生自行决定。

小毅又上去兴冲冲地捧回一堆材料，这种取材料的任务是很明确的，他也很自觉。木材、玻璃、铁片、塑料、橡皮泥……该研究些什么呢？因为前面几次的铺垫，所以四个人对于要填上体积、形状、气味、颜色，意见还是比较一致。"颜色啊，本来颜色就不一样啊，"小杰突然叫起来，"这些不都知道的吗？"言下之意，有什么好研究的……对于做这样的观察，男生再次表示怀疑，女生不做声，似乎没有疑义。

对于固体形状是否固定，大家很有分歧。"可以弯啊"，小毅一边用手弯塑料片和铁片，一边对小萍填写"形状固定"表示不理解。"玻璃可以做成圆的啊"，小杰也提出了疑问。这时候，教师走过来说"你不能使用蛮力啊"，两男生还是很困惑。至于说橡皮泥是"形状固定"，则更是觉得不可理解。这与自己的生活经验太相背离了，不可理解，不可理解！男生们已经陷入一种很困惑的境地，小萍除了在橡皮泥一栏里写了"形状不固定"外，其余都写了"形状固定"。这之间，她们没有跟男生一样提出自己的困惑，同时也没有表达自己是如何理解的。大家的确被这几样材料给迷惑了！

这里暴露出了学生的思维难点。尤其是男生，认为这些固体形状都不固定，是可以发生改变的……教师似乎也发现了这点，应该给予怎样的帮助呢？

活动结束后，教师这次请了两组学生上来交流。有意思的是，大家都对固体的形状是否固定产生了分歧，认为固体形状不固定，是觉得它们可以"折弯、摔碎"，而即便认为固体形状固定的学生，也无法给出解释，并且还始终认为橡皮泥是形状不固定的，因为他们就是因为橡皮泥的"形变"才去玩它的！他们觉得这是生活常识。这些具体的材料把他们对"固体"性质的理解给困住了。面对这些，教师的解释显得有些无力，"我把这个橡皮泥放在这里，跟放在锥形瓶里，形状有没有变？"学生回答"没有"。教师又问："那它到底固定不固定？""固定。"这的确是学生最后的"答案"，也是教师希望听到的。然而，这其实留给执教教师以及课例小组的教师诸多思考……

评述与分析

这不是个有"示范意义"的案例，但这是我们比较常见的课堂。学生似乎也在"活动"，甚至一节课里有很多活动的机会。然而，在"动手做"的背后，学生对于本节课的内容真正理解了吗？思维得到提升了吗？如果没有，那么症结在哪里呢？我们试着从教师在学生活动中该有的作为，以及科学课对"动手"、"动脑"的要求来分析，并对怎样观察学生活动作一些回应。

■教师在学生活动时应当做些什么

在这堂课中，教师精心设计了四次小组活动，并且是有层次的安排。然而，这一理想的设计是建立在"我们对学生的认为"基础上。在研究各种物态性质的时候，教师安排了从演示到半开放探究，再到开放的探究活动。这在理论上成立，但实际情况似乎非我们所想。

学生怎么想？他们遇到的困难是什么？他们要突破的思维难点在哪里？事实上，学生觉得在书上"分类"这样的活动不需要合作；学生觉得教师的气体演示让他产生了疑问；学生觉得物质的有些性质无需实验就能判断；学生认准了橡皮泥（而不是固体）的形状是不固定的……当我们让学生按照教师事先的教学设计去一步步做时，需要在学生实际操作中非常留意他们的各种反应。可能我们无法顾及所有的小组，但是重点留意两三个典型的小组还是很有可能的。尤其在这一阶段的小组合作结束后，通过教师刚才的"留意"，选择几个"典型"小组来交流，包括正确理解和错误理解的小组。如果学生还有不同的看法，也应该给他们机会一起来交流。通过这一方式，可以检验我们事先的预想，然后根据这些反应来决定后面的活动需要再强调什么，或作出适当调整。

因此，教师在学生小组合作时，需要做的是：全方位以及重点的"留意"，然后作出迅速判断。这是从小组合作的学科学习角度来考虑的教师的作为。

而日本教育学者佐藤学在谈到"教师应当做什么"这个问题上，也给出了另一种有益的提醒："在小组学习中教师必须进行的工作有两个：首当其冲的是关照不能参与小组合作学习的学生……让他们同小组里的学生沟通起来，而不是分别回答个别学生的提问。接着应当做的是对小组的关照……对难以开展讨论的小组进行帮助、推进各个小组的合作学习。"这是从小组合作学习的社会学意义上来考虑。

■科学需要动手做，还要动脑想

这节课里其实蕴涵了复杂的科学思维方式。但是对于六年级学生来说，可能不需要澄清每一处，但是基本的思维过程是需要的，这里涉及分析、比较、抽象、归纳、推理等。当教师让学生对课本上的物质进行分类时，他们会根据已有的经验来分析，比较出哪些是固态物质，哪些是液态和气态物质。这里分类的"依据"是学生所意会的，头脑中的。而这堂课的重点就是根据实验来归纳出物态的宏观性质。这也是科学的基本特征，即"科学是从事实中推导出来的"。

教师所提供的水、牛奶、酒精都是液体的具体形式，虽然学生的"归纳"是建立在对这些物质的观察、测量上，但是中间有一个重要的环节，就是"抽象"，从具体的可见的材料中抽象出"液体"、"气体"。这其实是一个思维的过程。

当学生对所有的材料进行研究，把性质——填写在工作单上时，教师试图让学生"归纳"出共同的性质。学生在这里就要根据事实进行推导。学生基于教师分别提供的两组材料推导出液体（水、牛奶、酒精）和固体（玻璃、铁片、塑料片、木条、橡皮泥）的性质。严格意义上来说，这只是一种简单的归纳。对于科学教师来说，可能更需清楚：从可观察的事实中得出合理的归纳结论的，其实须满足三个条件：①

（1）构成归纳基础的观察的数量必须很大；

（2）观察必须在许多不同的条件下可以重复；

（3）任何公认的观察命题都不应当与推导出的定律有冲突。

六年级学生完成的只是一个简化了的科学实验和思维过程，并没有真正实现这三点。重点不在这里，重点在于：学生其实是经历了丰富的科学思维过程的。

学生的思维难点出现在对固体性质的判断上。他们没有认识到，所谈的性质都是在"自然条件"下的性质，当人为地施力于物体或改变条件，则物态性质必然发生变化。

这节课就让学生体会到，科学不仅仅是实践，让他们动手做，科学也需要思辨，动脑想。当他们能够把抽象的"固体"概念与具体的玻璃、橡皮泥、木条等形成连接，明白之间的上下位关系，并且清楚所谓"固体形状固定、体积固定"这一结论的得出是有条件时，才有可能得出正确的结论。而这似乎是要他们"想"通的，靠"做"是做不出来的。正因为学生的这

----

① A. F. 查尔默斯. 科学究竟是什么［M］. 第 1 版. 北京：中国商务出版社，2007.

些思考暴露无遗，才让教师能循着正确的方向寻找解决方法。

在世界各国诸多《国家科学教育标准》中，无一例外地指出，科学作为"能动的过程"，是体与脑的共同活动，只动手不动脑的科学活动无法达到探究的目的。

■如何观察学生的小组活动

在课堂观察的任务分工中，课例研究小组的教师们拟订了详细的分工计划，包括观察的若干维度（活动的设计、有效的交流、活动的参与度等），并且教师们非常专业地拿着精心设计的量表在观察。凭借个人的兴趣我也在做所谓的观察，目的是希望获得一幅有关学生在各个环节中反映的立体图景。如果能捕捉到一些让人惊喜的关键事件，则更好。我想，有时候人为地碎片化我们的观察，可能可以根据量表得到一些数据，但是不能完全依赖它。我们设计的维度，在观察中可以侧重，但更可以作为全面观察一个小组后的分析点。也就是，不能放弃除了事先设计的观察维度之外的观察。尤其是记录学生在合作中的一些话和举动，增强数据的说服力。技术方法需要掌握，但它只是得到客观结果的一种途径，我们需要尝试多种途径再来分析和判断。

声 音

■为什么需要"合作学习"

佐藤学，著；钟启泉，译 《学校的挑战——创建学习共同体》

为什么需要"合作学习"呢？对于这个问题，我的答案有两个。其一，不组织"合作学习"，每一个人的学习就不能成立。其二，要提高每一个人的学习能力，"合作学习"是不可或缺的。所谓"学习"，是同客体（教材）的相遇与对话；是同他人（伙伴与教师）的相遇与对话；也是同自己的相遇与对话。我们通过同他人的合作，同多样的思想碰撞，实现同客体（教材）的新的相遇与对话，从而形成并雕琢自己的想法。从这个意义上说，学习原本就是合作性的，原本就是基于同他人合作的"冲刺与挑战的学习"，业已懂得、理解的学习即便滚瓜烂熟，也不能称为"学习"。学习是从既知世界出发，探索未知世界之旅；是超越既有经验与能力，形成新的经验与能力的一种挑战。

■学生的理解应得到充分尊重

罗星凯 《实施科学探究性学习要正视的几个问题》

科学探究性学习中，学生自己的理解是应该得到充分尊重的，因为它们是学习过程的基本起点和贯穿始终的最活跃的因素。学习活动实质上就是学生自己的想法、他人的观点以及观察实验结果之间直接互动的过程，经历这样的过程，学生才可能通过认知冲突体会到个人理解的局限和科学理论的优越所在，为前者向后者的转化铺平道路。否则，岁月很快会冲刷掉学生心中被硬贴上去的东西，留下的只有他们自己的"科学"。

■合作，而不是"合座"

叶温，朱立青 《合作而不是"合座"——合作学习在科学课中的价值体现》

有些简单的问题是学生个体通过以往的知识积累、生活经验或书本的默读就能获得答案的，属于生活常识一类，就没有必要进行合作。这类学习任务过于简单，没有合作讨论的价值，属于无价值学习任务。这里"无价值"不是指学习任务本身没有价值，而是指学习任务被硬塞进合作学习方式中而显得无价值。合作学习作为一种教学策略，是通过分工合作、优势互补的方式来提高学习效率的，如果阻碍获取知识的速度和效率，这种学习任务有合作的必要吗？所以要开展合作学习，首先学习任务必须有一定的难度，在个体难以完成或完成不全面，速度缓慢的情况下才能发挥合作学习的功能，而那些原本可以通过教师传授、教材提示、生活积累就能掌握的简单知识与技能，则无需用合作学习方式展开教学。

……合作学习过程中少不了讨论、交流，但是这种讨论交流是建立在明确分工和个体责任基础上并指向一个共同学习目标的，小组中各成员关系应该建立在一种积极互相信赖的基础上。在教师的观念中一定要把优等生和学困生这种界线模糊化。因为很多学困生在科学探究方面表现出来的认知水平和操作技能，往往不会比优等生差，甚至可能会更强些。因而，教师在合作学习之前就应该对合作过程的设计方案、教学目标组织结构、人员分工等作详细考虑，以消除合作过程中可能产生的自然随机性，纪律要求要作必要的申明，同时加强学习过程中的监督和指导。

■先考虑思维深度，再考虑活动频度

廖葆春 《科学课教学中的误区和改进策略》

目前教师已经关注让学生动手和动脑，让课堂活跃起来，因此很看重学生的活动。但是，有些活动设计只是关注了活动形式本身而没有明确的目标，表面看很热闹，却没有深度。因此，有关学生活动的设计，应首先考虑学生思维的深度，再考虑活动频度。活动是为了让学生更好地理解科学过程和本质，在活动中体验科学家工作的方式和形式、科学精神及科学态度。我们不能只注重了形式却丢掉了内涵。

■科学探究的过程就是科学思维的过程

陈琴，庞丽娟　《科学探究：本质、特征与过程的思考》

科学探究是一种思维的过程，具有思维性特征。科学探究作为一种科学研究，是一种多方面、多层次的活动，它需要做观察，需要提出问题，需要查阅书刊及其他信息源以便弄清楚什么情况已经是为人所知的东西，需要提出假设和预测，需要设计调研方案，需要进行实验，需要运用各种手段来分析和解释数据，需要提出答案和解释，需要把研究结果告之与人等。在这一过程中，个体不仅要使用观察、分类、交流、测量、推论、预测、假设等一系列的科学方法，而且要使用概括、分析、类比、归纳、推理等思维方法来形成并修正科学解释、识别和分析各种模型、交流和应用得出的科学结论。因此，科学探究的过程也就是科学思维的过程。美国教育家杜威曾经指出，探究是"对任何一种信念或假设的知识进行的积极、持续、审慎的思考"，探究的目的是通过使用解释、证据、推论和概括来证实信念。尽管与科学家相比，儿童的思维能力可能不足以阐明我们称之为科学的理论。例如，他们主要以直接经验的感性认识而不是理性认识为基础来形成关于自然现象的知识，因此倾向于以自我为中心来看待世界；对于事物因果关系的思考表现出更多简单、表面化的特征，很难同时把握太多的因素等。但是儿童所建构的思想、观点，无论对错，都不是随意的，它们往往具有基本的逻辑性，是儿童逻辑分析和推理——尽管与成年人相比这种逻辑分析和推理尚是简单的、粗浅的、不严密的——的结果，并建立在证据和经历的基础之上。

研习推荐

A. F. 查尔默斯，著；鲁旭东，译　《科学究竟是什么》

比起那些有趣的，或是操作性强的书，这本书或许不那么"好读"，毕竟，这是一本科学哲学的书。本书是英国著名学者 A. F. 查尔默斯（Chalmers）论述当代科学哲学的代表作。对科学哲学的认识不只是学者们的事，也是每一个愿意深度思考科学，了解科学本质的科学教师应当涉猎的领地。当能主动去思考"科学究竟是什么"这个问题，并形成自己的想法时，相信我们能更好地拿捏科学的知识、方法，这无疑将有助于我们的教学。

大卫·W. 约翰逊，罗杰·T. 约翰逊，艾迪斯·约翰逊·贺路伯，著；栗芳、迪恩·W. 杰斯沃德，译　《合作性学习 ABC》

美国明尼苏达大学"合作学习中心"（Cooperative Learning Center）的约翰逊兄弟一直致力于合作学习的研究。此书详细介绍了进行合作性学习的步骤和方法，对于教育一线的工作者来说，是一部提供操作性建议和指导的读物。

"不是所有小组都是合作性小组。为了保证小组是合作性小组，教师必须将合作的五种基本要素贯穿于每门课程之中——积极的依赖关系、个人的责任、促进式的交流、社交技巧、小组处理过程。合作性学习不单单是一个教学方法。它致力于在教师和学校重新创建以团队为基础的高绩效的组织结构。"

附：课堂案例实录

"物质的三态"（小学六年级）实录

教学环节	对话实录
引入	T：大家都知道水有三种状态，分别是——（并用幻灯片图像提示） S：固态、液态、气态。 T：事实上，我们生活中绝大多数物质基本上都有这三态，只不过有些物质在常温下是固态的，有一些在常温下是液态的，而有一些在常温下是气态的。 　　下面，老师要考考大家了，我们以小组为单位进行一次竞赛。请大家把书翻到第 96 页。以小组为单位，前面同学转过去，听清楚要求，上面有一幅图，一共有 15 种物质，我现在要各小组以最快的速度找出里面所有的液态物质，找到后举手。 　　★ 学生找液态物质。 T：好，第七小组已经找到了。来。 S1：有蒸馏水、植物油和酒精。 T：好的，请坐。其他同学，看看他们对不对。 S：对。 T：蒸馏水、植物油和酒精，非常好。可能大家还没有进入状态，再给大家一次机会，请从 15 种物质中找出所有的气态物质。 　　★ 学生找气态物质。

教学环节	对话实录
	T：好，这边第一组。 S2：氢气、氧气、二氧化碳是气体。 T：嗯，非常好，看来这个难不倒大家。那么，我们把常温下固态的物质称为固体，常温下液态的物质称为液体，常温下气态的物质称为气体。有同学就会说，老师，我一眼就能看出来这是固体、液体和气体，但是你要问我区别是什么，就不知道。我们怎样辨出物质的三态呢？这节课，我们就要通过实验探究，来解决这些问题。
研究气体的性质	T：首先是气体。老师这里准备了两种气体，这瓶是空气，这瓶是二氧化氮（展示给学生看）。首先我们来观察一下它们的颜色，空气—— S：没有颜色。 T：二氧化氮—— S：红色（黄色）。 T：有颜色。这种颜色我们称之为红棕色。气味呢？空气，我们每天都在呼吸。 S：没有气味。 T：那么二氧化氮，它是一种有刺激性气味的气体。因为它是一种有毒性的气体，出于健康考虑，我们就不闻了。除了颜色、气味，气体还有哪些性质值得我们去探究呢？ S1：气体含有什么。 T：好的。之前，我看到一个小朋友在玩纸袋，随着纸袋的晃动，气体的形状发生变化，是不是所有的气体形状都会发生变化？这里准备了一个小实验，大家注意观察。我把装二氧化氮的集气瓶倒扣在装有空气的集气瓶上，然后迅速地抽掉当中的玻璃片，大家注意观察现象。前面的同学，你看到了什么？ S2：我看到了空气变成了二氧化氮。 T：嗯？（学生在笑） S2：装有空气的集气瓶变成了红棕色。 T：好的。请坐。这是一个。然后我们倒过来，其中一瓶，我们装满空气，然后再拿一瓶二氧化氮。我们把装空气的集气瓶倒扣在二氧化氮上，然后，我迅速抽掉它（指中间的玻璃片），大家猜猜看，会有什么现象发生？ S：没有现象。 T：好，我们看一下（教师抽掉当中的玻璃片）有没有现象发生？ S：没有／有／一点点／慢慢到上面去了。 T：不是很快，但是我们发现，慢慢怎样？ S：（二氧化氮）上去了。

教学环节	对话实录
	T：看到了吗？二氧化氮在慢慢慢慢往上。那么，观察了这个现象，我们来思考一个问题。我们来看工作单上，以小组为单位，完成工作单4.2的第一、第二两个问题。 ★ 学生填写工作单。 T：基本上都好了。哪个小组来交流一下？ S3：空气无颜色无气味，二氧化氮有颜色有气味，空气的形状不固定，二氧化氮的形状不固定。 T：非常好。刚才，我们讨论了空气和二氧化氮的颜色、气味和形状，还有一个问题，它们的体积到底会不会发生变化。 S4：我觉得它们的形状会发生变化，但是体积不会发生变化。 T：这是根据形状来推测体积，好，我这里准备了一个专门的仪器。这是一个30毫升的针筒，我先抽一半，15毫升，然后堵住它（教师用橡皮套堵住针筒口）。我轻轻往上推一下，体积有没有变化？ S：有。 T：然后我再轻轻地拉一下，注意，一定要轻轻地，因为这是玻璃仪器，容易损坏。有没有看到现象？ S：有。 T：所以空气的体积固定不固定？ S：不固定。 T：那么二氧化氮是不是也一样呢？我已经事先准备好了一支充满二氧化氮的针筒，我也是轻轻地推一下，体积有没有变化？ S：有。 T：再拉一下，有没有变化？ S：有。 T：从这两个我们可以得出，空气和二氧化氮的体积怎样？下面以小组为单位，完成工作单4.2的剩余部分，并且把下面的表格也填完。 ★ 学生填写工作单。 T：好，这次，第二小组也好了，请第二小组来交流一下。 S5：随着针筒的推动，空气的体积会产生明显的变化；随着针筒的推动，二氧化氮的体积会产生明显的变化。空气体积不固定，形状不固定，没有颜色，没有气味；二氧化氮体积不固定，形状不固定，有颜色，有气味。这两种气体相同的性质是，体积不固定，形状会变化。 T：非常好。我们可以初步得出，空气和二氧化氮的形状是不固定的，体积也是不固定的。当然，再研究其他气体，绝大多数气体都有这样的性质：形状不固定，体积不固定。（教师板书）

续表

教学环节	对话实录
研究液体的性质	T：接下来是液体的性质，为了跟气体做比较，我们对液体也必须研究的，看看液体的颜色，液体的气味，液体的形状和体积。另外呢，对液体的透明度怎样也可以研究。这里，老师准备了三种液体，一瓶水，一瓶牛奶，最后是一瓶酒精。一会儿呢，老师先通过实验来探究一下水的性质。然后请大家合作完成牛奶和酒精的性质。所以，请大家先注意观察，老师是怎么探究的。 先拿到水，观察一下，有没有颜色？ S：没有。 T：有没有气味？ S：没有。 T：注意，我们要闻它的气味怎么闻，打开盖子，轻轻地扇动。（教师示范动作）观察完，我们先把工作单填写好。大家不用填，因为现在是我在探究，我先填好。（教师在投影仪上填写） 那么水的形状是固定的吗？ S：不是。 T：我们通过这个实验来非常明确地证明。我用一个量筒，往里面加水。我请一个同学来帮忙读一个数。现在我取了多少毫升的水？ S1：（上去准备读数，动作不规范） T：示数是多少？ S1：48。 T：好的，谢谢。48毫升。然后我把它倒进锥形瓶里，这个过程大家来看，水的形状有没有发生变化？ S：有。 T：我再倒回去。这时候有个问题了，这个过程中水的体积有没有发生变化？ S：（大声地）没有。 T：还是请你来看一下，水的体积有没有发生变化？ S1：没有。 T：没有，请坐。那么刚才大家一致认为水的体积没有发生变化，我也这么认为。好，探究完毕，完成工作单。大家看明白没有？接下去要大家探究牛奶和酒精了，知道怎么做了吗？ S：知道。 T：好的，下面每个小组派代表上来拿材料。 ★学生研究牛奶和酒精的性质 T：好，时间关系，我们都停了。这次我们请第四组来交流一下。

教学环节	对话实录
	S2：牛奶，不透明，有颜色，形状不固定，有气味，体积固定。酒精，透明，没有颜色，形状不固定，有气味，体积固定。 T：好的，那么我们总结这三种液体了。水、牛奶和酒精，它们共同的性质是…… S3：形状不固定，体积固定。 T：那么我们由此可以推断液体的性质（教师同时板书），形状不固定，体积固定。
研究固体的性质	T：好，最后我们来探究一下固体的性质。我这里准备了小木条、玻璃片、塑料片、金属片，还有橡皮泥这五种物质。接下去，我要请同学们自己设计探究这五种物质。听清楚要求，首先每组同学讨论一下工作单上的4.4，如果我们要跟气体、液体做比较，至少要探究固体的哪些性质？另外，你们小组还想探究哪些性质，准备怎么做。好，给你们3分钟时间讨论一下。 ★ 学生讨论 T：好，讨论好的小组上来拿材料。 ★ 学生开始小组活动，研究固体的性质 T：好，时间关系，我们停下来。哪个小组上来交流一下？ S1：我们研究固体的性质是体积、形状、气味、颜色和触觉。观察的结果是，木块的体积是固定的，形状是固定的，有气味，有颜色，触觉是粗糙的；玻璃的体积是固定的，形状是固定的，没有气味，没有颜色，触觉是光滑的；铁的体积是固定的，形状是固定的，有气味，有颜色，光滑；塑料的体积是固定的，形状是固定的，有气味，有颜色，触觉是光滑的；橡皮泥的体积是固定的，形状是不固定的，有气味，有颜色，触觉是软软的。 T：好的，还有哪个小组来交流一下？ S2：（准备按照表格逐一汇报） T：这个不用介绍，那么你们研究下来，固体有哪些共同性质？ S2：形状……呃…… T：有没有什么问题？ S2：铁有没有颜色？ T：他们有一个问题，问铁有没有颜色？ S：有颜色。 T：我们说这个软软的铁片是有颜色的，这个是银白色的。那么，这里有一个问题了，两组同学都说，橡皮泥的形状不固定……

教学环节	对话实录
	S：固定。 T：那么我把这个橡皮泥放在这里，跟放在锥形瓶里，形状有没有变？ S：没有。 T：那么它到底固定不固定？ S：固定。 T：所以它应该是固定的。那么我们对照表格来看一下，透明度，有的透明，有的不透明；颜色，有的有，有的没有；体积都是固定的，气味也是有的有，有的没有；形状也都是固定的。所以，我们得出固体的性质是什么？体积和形状应该是…… S：固定的。 （教师板书）

第四章　科学课堂上教师应如何介入

前面的话
■课堂上教师的"有所为"与"有所不为"

第一次实践：试了才知道水有多深
评述与分析（一）
■教师的介入在于把学生领进门
■教师的介入在于点石成金
■教师的介入在于引导学生对数据的分析思考

第二次实践：超时 8 分钟成了最大的遗憾
评述与分析（二）
■生活化的引入，拉近了学生的认知距离
■帮助学生建立现象与结论间的联系
■为学生提供有结构材料
■将学生的参与纳入教学环节
■具体的改进意见

第三次实践：清晰了我们的认识
■学生有了想法后，教师如何跟进
评述与分析（三）
■课前预设，教师要做精心的设计
■课内活用，教师要不断积累实作性的经验
■课后反思，教师的"功夫在诗外"
■教师介入的原则

进一步要思考的问题
附：雁过有痕始显真
课堂实录

前面的话

■课堂上教师的"有所为"与"有所不为"

在当今倡导学生积极主动探究学习的课堂新背景下，不少教师由于害怕影响学生主动探究，就放弃了需要课堂介入的时机，陷入"矫枉过正"的尴尬境地。因而出现了"该出声时不敢出声"的现象。反之，也有教师过分夸大自己在课堂中的地位，就会不知不觉中以"先知先觉者"的身份出现在课堂，常常出现"以自己的理解代替学生的理解，以自己的思维代替学生的思维"的状况。

在课堂教学中，教师如何有一双慧眼，透视课堂，敏锐捕捉意外中有价值的信息，及时有力地介入，利用捕捉到的有用信息，借"意外"生成"精彩"。在课堂教学中，教师如何将学生的思想和观点纳入其中，积极发现、激活学生思维，找寻提高学生积极性的具有探究价值的材料，使课堂成为学生思想灵动、思维活跃的地方。

也就是，教师在课堂上，如何"有所为"，又"有所不为"？

我们小学科学课例研究行动小组把"科学课上教师应如何介入"作为研究主题，进行了一次行动。我们从两个方面来理解教师的介入作用：一是介入的时机，要看有没有必要。二是介入的效果，要看教师介入的方式方法是否合适。除此之外，我们还进一步细化，把教师的介入分为：①课前的介入——教学程序的设计、教学主干问题的确定和"有结构"材料的提供；②课中的介入——这是一种教学机智，看教师如何进行教学的调控和教学的回应；③课后的介入——课后教师如何反思，不断跟进、提升。

第一次实践：试了才知道水有多深

一个好的研究主题，需要找一个典型的课例来研究。这样的研究更有说服力，也更具推广的价值。讨论之后，大家一致认为"抵抗弯曲"一课是一块难啃的骨头，原因有三个：①曾对学生做了一个测试，发现接近90%的学生对抵抗弯曲是有概念的，但很多是生活经验，凭的是想当然；②教学中会涉及一个科学教学中有意义的方法——"变量控制法"，如何让学生理解这个方法有一定的难度；③定量实验如何出好数据，解读数据对教师而言是一个挑战。

小组成员讨论后，决定把教师的"介入"定位在三个环节。

1. 教师的介入应体现在导入上——设境质疑

通过学生熟悉的凳子引出书本上"横梁和立柱"两个离学生较远的事物。因为对小学生来说，老房子和桥梁离他们的生活现实有点距离，而凳子就在身边。这样较容易引起学生的探究欲望，这样普通的凳子也包含深刻的科学道理，会深深触动学生的心灵。

2. 教师的介入应体现在对比实验的设计上——变量控制

做对比实验，六年级学生是有基础的。我们把重点放在实验后让学生通过分析数据自己来获得发现，在汇报时有意识地让学生关注得出的结论要用数据来支撑，让学生深深体会到科学课中实验数据的重要性。

3. 教师的介入应体现在结论推导上——解读数据

强调用学到的知识来解释、论证一些现象、事实。

授课教师的感受

课前预设与课中实施是有距离的。首先在引入环节，教师觉得用凳子来引出横梁和立柱的效果还是不错的，因为它更贴近学生的生活。由凳子再延伸到建筑物，学生对横梁和立柱的概念比较容易把握。

其次，进行实验前，让学生对事物进行预测，教师指导得还不够。学生的预测比较随意，缺少充分的根据。在汇报阶段，对实验数据的分析过于简单，没有进行规律分析。这样，学生对数据中蕴涵的科学根据认识得比较肤浅，学生的数据意识也就不能得到很好的深化。

纵观整堂课，教师的指导作用过于突出，学生之间的互动比较缺乏。如果让学生之间进行质疑、辩论，课堂就会更加活跃，学生的学习积极性就会更高。

问题与亮点

1. 引导介入太深奥

不管是学习什么学科，研究什么问题，都是因为有一定的必要性才值得我们去关注。研究"抵抗弯曲"，严老师从四脚方凳引入，四脚之间的结构比较复杂，与学生的认识有距离。

2．假设介入需斟酌

在对横梁只有图片的印象时，让学生猜测：横梁的抗弯曲能力与哪些因素有关？这个问题似乎有点强人所难，严老师演示制作了一个纸横梁，这个演示环节的介入如果再早一点，放在猜测之前，学生会更容易猜测到相关因素。

3．实验介入太虚弱

纸横梁的宽度与抗弯曲能力的关系、纸横梁的厚度与抗弯曲能力的关系是两个有递进关系的实验，教师的指导都比较细腻。不过在两次实验前学生预测后，教师的指导没有适时跟上，说说预测的理由，让学生对于科学数据的猜测要有根据，而不是随意地乱猜。

对于数据的分析教师的指导仅仅是为了得到增加宽度（厚度）可以增强（或大大增强）抵抗弯曲的能力的结论吗？

由于实验数据的明显增长，学生得出这样的结论是显而易见的，除此之外，实验数据就没有其他分析的价值了吗？教师在结论后的介入几乎没有。

4．运用介入效果明显

横梁平着放好还是立着放好？教师用一目了然的钢尺挂重物实验让学生发出"噢"的理解叹词，效果很好。

课堂中教师介入的时间、介入的程度、介入的必要性、介入的目的都是衡量介入效果的标准，要想使一堂课有好的教学效果，作为教学主导的我们不就是在千方百计地探寻最佳的介入点吗？

评述与分析（一）

在这节课中，关于教师的介入是否适时恰当，研究小组的教师们又作了聚焦——引导的时间、引导的着眼点和引导的切入点，最后大家提出了三条诊断改进意见。

■教师的介入在于把学生领进门

四脚方凳的"柱子与横梁"的构造比较复杂，与学生的认知有距离。先提供生活中显而易见的原型，让学生观察勾勒出"梁与立柱"的结构。如果换结构更加简洁的"两脚凳"来引入，这样跟学生的生活经验的距离更近。

■教师的介入在于点石成金

教师应该运用好变量控制法，围绕实验假设进行差异对照，引导学生自主设计实验。两个实验方案的制订，应该有主次之分，第一个实验可以扶一扶，让学生学有样子，但第二个实验必须放开，让学生学会迁移。

■教师的介入在于引导学生对数据的分析思考

①发挥数据表的作用。宽度越宽抵抗弯曲的能力越强，厚度越厚抵抗弯曲的能力越强。对此，学生还是清楚的，我们对学生做了前测，48 个学生中有 43 个是知道的。关键是两者之间抵抗弯曲能力的差异（前者是成倍增加，后者是呈几何级增加，是"大大地"增加），应该把两张数据表对照着用，从数据的增量变化去发现规律。

②运用的创新。同样一根横梁直立着放还是平着放，哪个更抵抗弯曲呢？对六年级的学生来说，判断这点是有点困难的，有三点必须明确：一是学生的判断也是模棱两可的；二是需要教师的现场演示，学生对两者之间的巨大差异感到惊讶；三是进行追问：为什么立放的更容易抵抗弯曲？这是因为平放（宽度增加到 b/a 倍）增加的抵抗弯曲的能力不足以和立放（厚度减小到 b/ a 倍）减弱的抗弯曲能力相抵消。

我们决定跟进行动，研究小组共同备课后，第二轮课由临平二小的柯老师执教。

第二次实践：超时 8 分钟成了最大的遗憾

授课后教师的自我诊断

1. 从学生生活经验入手，建构柱子和横梁的模型，使科学概念生活化

教学引入时，教师从学生常见的房屋和桥梁入手，认识立柱和横梁的构造，在学生生活经验的基础上推想：受到巨大压力的时候，横梁和柱子谁更容易弯曲？这样引入"影响横梁抗弯曲能力的研究"就顺理成章了。

2. 实验前引导，培养学生设计实验方案的能力

学生自主探究的前提，是能自行设计实验方案。教师注重了对学生方案设计的细节上的引导。

①"跨度对横梁的抗弯曲能力的影响"对比实验设计，在教材的编排中，不是一个必须完成的学生实验，但每次教学时学生都会提出"跨度"的影响因素，教师往往通过"课后自行研究"，使问题不了了之，既不尊重学生的认知需求，又妨碍了学生对科学概念的建构。教师通过创设"在不改变现有条件的基础上，如何使纸梁承受 1 个垫片的重量"情境，通过师

生的交流，既完成了"跨度对横梁的抗弯曲能力影响"的对比实验，又对后面两个对比实验设计进行了引导。

②"宽度和厚度对横梁抗弯曲能力的影响"对比实验设计，这两个实验方案设计的引导重点是对实验变量和不变量的控制。宽度不同，如何控制？通过学生交流和修正，教师引导学生认识到可以利用"倍数法"确定三个变量：3厘米、6厘米和12厘米。这样能使实验现象更明显，更容易通过对比发现科学规律。然后，在厚度这个变量的选择时，学生自然就会用"倍数法"确定变量：1张纸的厚度——2张纸的厚度——4张纸的厚度。可想而知，正是这样有的放矢地介入引导，才使学生的实验设计能力得到提高和发展，为他们自主探究提供保障。

3. 实验后引导，培养学生的整理和分析数据的能力

学生在实验中获得的数据，仅仅是事实。如何将事实数据转化为学生获得结论的证据？这需要通过教师的介入、引导，培养学生自行整理和分析数据的能力。在学生实验后，教师利用对照的方法将两次实验的数据进行统计，引导学生比较：

①两张统计表中的数据有什么不同？这不同是由什么原因引起的？

②两次实验中你们的预测和实测之间的差距，一样吗？这又是由什么原因引起的？

③增加宽度和增加厚度同样都能增强纸梁的抗弯曲能力，找找不同，你又有什么新的发现？从而使学生得出"增加厚度比增加宽度更能增强纸梁的抗弯曲能力"的结论。

评述与分析（二）

课后会议中，研究小组的教师们充分地发表了意见，对柯老师的课堂改进给予一致的肯定：增量是明显的，有明显的突破。

■生活化的引入，拉近了学生的认知距离

联系学生的生活，出示图片（两个常见的建筑：桥和房子）让学生观察两者在构造上有什么相似之处——都由柱子和横梁组成，再联系生活，找出教室里类似的构造——房梁、课桌、凳子。很自然地引入：研究需要在脑中搭建一个模型，用盒子来做立柱，用纸来做横梁。

和上一节课相比，同样一个问题用不同的语言、采取不同的提问方法就会得到不同的课堂效果。严老师让学生观察完教室里的横梁和柱子后直接猜

测哪个更容易弯曲，结果学生的回答两种都有，理由也是五花八门；柯老师用课件出示了一个简单的结构"┬┬"，再让学生来猜测，这时候大部分学生都认为横梁更容易弯曲。

可见，要让学生明确一个问题，不仅需要现实中的物体，需要简单明了的图片或模型，更重要的是从学生已有的认知出发。

■帮助学生建立现象与结论间的联系

对于"影响横梁抵抗弯曲能力的因素"，学生有多种猜想，材料、形状、宽度、厚度、跨度，等等，由此看来，学生还是比较清楚影响横梁抵抗弯曲的因素。教师要运用一定的策略，帮助学生学习变量筛选的方法，如教师可以采用序号选择的方法进行变量控制，变的是研究的问题，如宽度或厚度，不变的是其他条件，这样做，既有明确的指向，填写方便，又可以节省时间，提高效率。在假设阶段，学生处在十字路口，需要教师引好路，使学生在现象与结论之间建立联系。

■为学生提供有结构材料

在设计阶段，教师提供"有结构"的对比实验材料，能为学生认知发展搭建"脚手架"，让学生选择材料、设计最佳的实验方案，出好数据，为结论的研讨打下伏笔。

根据重物铁垫圈的重量，控制梁的跨度为 5 厘米，横梁的材料用复印纸，一倍宽为 3 厘米，一倍厚为一层纸。这样的实验效果是非常理想的，得到的数据基本反映了当宽度增加到 2 倍、4 倍，抵抗弯曲的能力也是接近于 2 倍、4 倍，当厚度增加到 2 倍、4 倍，纸梁承受垫片显示的众数是 8、35，基本呈几何级增加。

柯老师很注重学生实验前的引导。如，当模型搭建后，柯老师引导学生讨论完成跨度对抗弯曲能力影响的对比实验。从教学环节中让学生认识到对比实验中如何识别变量以及如何控制变量等，在此基础上师生讨论完成宽度对比实验方案。在厚度的对比实验方案中，柯老师放手让学生自己设计，这个体现了由扶到放的过程。因为教师实验前细致地指导，学生在具体操作时很有针对性，实验效果明显。因此，在实验设计阶段，教师的介入指导必须提供有结构的材料，促使学生的思维朝着科学概念的方向发展。

■将学生的参与纳入教学环节

课堂上，柯老师充分调动学生的好胜心，请学生分小组将数据输入计算机中，教师将两次实验数据并列一起，可以调动学生好胜的积极性，分小组可以自行将数据输入计算机中，一方面节约了时间，另一方面让学生有一种成就感。但更重要的是数据表的解读与分析。

教师要让学生将两次实验的数据并列在一起，学会纵向和横向的观察，例如，同样是两倍宽与两倍厚，同样是四倍宽和四倍厚，数据变化趋势是不同的。

	宽　度			厚　度		
	3cm（一倍宽）	6cm（两倍宽）	12cm（四倍宽）	一层纸（一倍厚）	两层纸（两倍厚）	四层纸（四倍厚）
第1小组	1	2	5	1	8	37
第2小组	1	2	5	1	5	35
第3小组	2	3	6	2	6	38
第4小组	1	2	4	1	7	35
第5小组	1	2	4	1	5	36
第6小组	1	2	4	1	8	38
第7小组	1	2	4	1	6	35
第8小组	1	2	5	1	6	36
第9小组	1	2	4	1	7	34

改进：如何在有限的时间内完成探究

第二轮课，教师对课的设计可谓精雕细琢，把每个环节、每个活动的价值放大，为学生的探究学习赋予更多的内涵。柯老师用时48分钟，应该说是美中不足。课堂教学有固定的时间，教学的有效性一定程度体现在时间的分配上。超时8分钟，从侧面可以说明教师的介入指导作用还是有缺陷的。

柯老师想让学生经历一个完整的科学探究过程，经历一个严谨的思维过程，体验科学探究活动的"严密性"，不曾想如此一来，充实的内容让课堂变得臃肿。难道上了48分钟的这节课真的就没有我们能够割舍的东西吗？当然不是的。让我们试试给这节科学课"瘦身"。

1. 强干弱枝，厘清教学的重点

从图4-1的时间分配中我们可以看到，虽然这堂课柯老师突出了对学生实验方法的指导，重视学生参与探究活动的过程，并且通过详尽的数据分析帮助学生进行科学概念的建构。但是许多教学环节都呈现出时间比较长的特点，造成了这节课的"臃肿"。

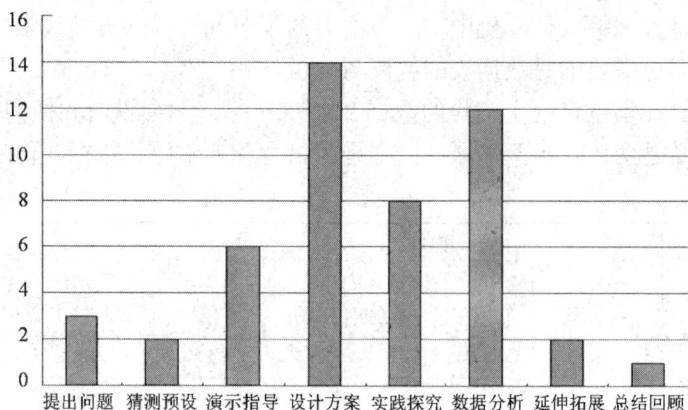

图4-1 柯老师"抵抗弯曲"时间分配表

　　从本节课的能力目标（识别和控制变量、记录数据、分析数据并得出合理结论）来看，从演示指导、设计方案、实验探究到数据分析这四个环节占据了本节课的大部分时间，特别是学生自主进行探究活动的时间控制在8～10分钟，数据分析10～12分钟，这种安排还是比较合理的。本节课知识目标（增加梁的宽度可以增加抗弯曲能力，增加梁的厚度可以大大增加抗弯曲能力）的落实，科学思维的深化必须通过数据分析来达成。但是，指导实验方案的设计环节，相对来说时间就显得长了点。教师进行第一个对比演示实验的目的是指导学生识别变量，进而学会控制变量，为下面的实验打好铺垫，这样的设计可谓用心良苦，但是在设计实验方案的环节，教师却忽视了六年级学生自主设计实验方案的能力，从如何控制变量到如何进行探究都给学生加以详细的指导，14分钟的时间让学生感到思维疲惫，效果适得其反。教师可以在演示实验之后，在学生认识了变量的基础上，让学生通过小组讨论的形式，进行独立的方案设计，再通过反馈交流加以修正，这样的设计不仅节省时间，更能培养学生独立探究的能力。

　　要给本节课进行"瘦身"，可以对这节课的教学环节以及教学时间这样进行安排，如图4-2所示。

　　总之，课堂改进应该围绕教学目标，突出教学的重点，从意图、效果、时间等方面对每一个教学环节进行再思考，精简一些低效甚至无效的过程，让40分钟的时间都能高效地利用起来。

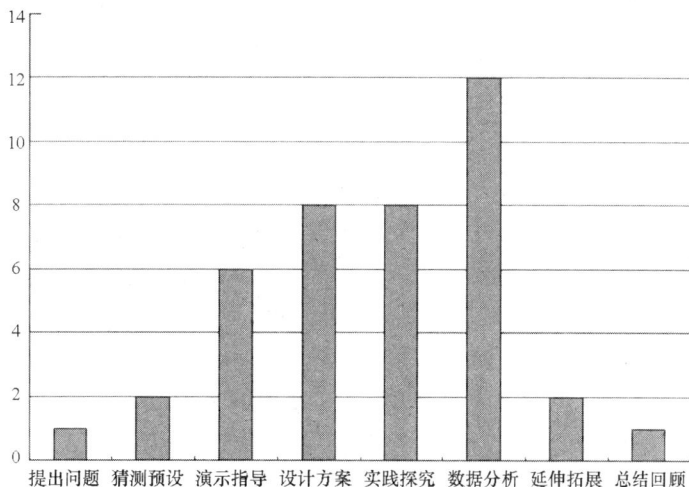

图4-2　理想的"抵抗弯曲"时间分配表

2. 问题指向明确，关注提问价值

让我们来截取本节课的一些教学片段看看教师的语言。

【片段一】

T：同学们，今天老师给大家带来一张图片。这是我们常见的两种建筑——房子和桥梁。请你仔细观察，它们的结构上有什么共同的地方？在造房子上、材料结构上有什么共同的地方？

T：你那个桥梁是哪一个？竖的还是横的？

T：竖的！竖的是桥梁！竖的是桥梁？竖的平时我们叫什么？

T：她刚才说的桥梁是哪一个？

T：横的是桥梁是不是？

T：这是桥梁，竖的是柱子，横的是梁，那么房子呢？

T：这两个建筑都有共同的地方——竖的是柱子，横的是梁（课件揭示）。这样的结构在我们的建筑上是很多的。大家可以观察一下，在教室里有没有找到类似的结构？

T：哪个地方是梁，哪个地方是柱子？

从一开始，教师就提出了一个相对模糊的问题，学生不清楚教师提问的意图，于是便开始了绕圈子。如果教师一开始就直接告诉学生这些建筑物都是由横梁和柱子构成的，然后让学生在图中找一找，事情不就变得简单了吗?

从上面的例子中我们不难发现,教师的语言问题也是造成本节课超时的重要原因。很多时候,教师的语言都是可说可不说的,可教师却没有很好地控制。

问题的指向性不明确,让学生无从思考;提问没有价值,只为引出一句话;生怕学生没听清,喜欢不断地重复学生的话;意思表达不清楚,让人摸不着头脑;语言复杂,需要自我翻译,但说来说去是同一个意思;等等,这些都是教师经常犯的毛病。要克服这些问题也不是一件容易的事,需要我们经常加以克制,语言问题更多的是一种习惯。

因此,用心锤炼自己的课堂教学语言,精心设计每一句教学用语,可以不断提高教学语言的有效性,让教学语言更好地服务课堂、点缀课堂,才能成就更高效的课堂。

■具体的改进意见

从教学进程的推进、教学时间的分配、教学节奏的掌控来看,柯老师第二轮课在时效上有一定的问题。那么,第三轮提高课教师的介入又该如何来体现呢?

1. 两个实验并开

陈老师认为:学生已经是六年级了,有一定的基础,两个实验方案可以一起做,或者分小组有选择地做,这样可以节省很多时间。

周老师反对:第二个实验与第一个实验有递进关系,第一个实验为第二个实验的预测提供依据,绝对不能放在一起。实验方案还需讲究规范。

最后我们决定:两个实验放在一起,在学生设计时提出要求,第二次实验的预测要在第一个实验的基础上进行。

2. 设计好教学的主干问题

主干问题决定教学环节能否顺利推进。一要有明确的任务指向,对学生学习活动起到引领作用;二要明确要领,使学生不至于游离于学习活动,出现低能无效的问题。三要对自己的提问有预案,估计到学生可能出现的状况,只有这样,才能有足够的信心,机智地驾驭课堂,促进学生的探究学习有效进行。

最后,确定第三轮的课继续由柯老师来上,这样更能把握,只要对某些环节稍作改进。

第三次实践：清晰了我们的认识

■学生有了想法后，教师如何跟进

1. 通过追问，让学生的想法更进一步

在"抵抗弯曲"课例研究中的实验结果预测环节中，让学生对将要进行的实验进行预测的时候，我发现学生预测的实验结果都不谋而合。如何让学生的这种预测为后面的学习做铺垫，教师应该如何做呢？课堂中有这样一个片段：

T：你们觉得厚度和横梁抵抗弯曲能力之间是怎样的关系呢？

S：纸的厚度越厚，抵抗弯曲能力越强。

T：那你来预测一下，一倍厚、两倍厚、四倍厚分别能承受几个。

S：一倍厚2个，两倍厚4个，四倍厚10个。

前面几次执教过程中，学生回答到这里时教师就结束了提问，让学生进行实验。在这里还不够，我们不能仅仅局限于数字，要追问，深挖。这里的预测有两个意义。

①数据从2、4、10的变化，教师要让学生思考并说明，为什么是这样变的（因为他认为越宽抵抗弯曲能力越强，所以数据增大）。

②有多强呢？教师必须问学生，就是1到2增加1，2到4增加2，那这个增加的1、2又代表什么？代表垫圈的个数，代表能多承受两个垫圈的重量。

T：你为什么会这样预测？

S：因为越厚应该能承受的越多，原来是2个，我觉得可能是4个，四倍厚可能是10个。

T：你认为越厚抵抗弯曲能力越强，两倍厚具体强多少？

S：2个。

T：四倍厚比两倍厚强多少？

S：6个。

T：你是这样认为的，其他同学呢？

2. 学生能做的，教师不做

方案的制订是学生的事，但教师要和学生一起搭框架。

怎么来研究宽度和纸横梁的抗弯曲能力呢？需要哪些材料呢？怎么做这个实验呢？柯老师做了四个引导。

①引导学生对跨度进行了一个方案设计，对对比实验进行了回忆，学生清楚了对比实验中要注意的要点：只能改变一个条件，其他条件不变。

②当学生发现："纸梁跨度越小，它的抗弯曲能力越强；纸梁的跨度越大，它的抗弯曲能力越弱"。教师出示"宽度对纸梁抗弯曲能力的实验方案"设计表，让学生理解实验的目的、方法、过程，对实验控制可以用倍数研究法研究，有个直观的认识。

③有了宽度方案的成功经历，再让学生对厚度方案设计中不变条件和要变条件的认识更深入了。这为后面看出实验数据变化的规律打下了较好的基础。

三轮课下来，我们一步一步地在改进，在对比中思考，我们越发觉得方案的制订是学生的事情，但教师要和学生一起搭框架。

教师一句"你们会做这个实验了吗？"能响亮回答的不是全部学生。一个实验要想顺利地完成，为后面数据、现象的分析打好基础，节省时间，只有先让学生明白我们要研究什么，怎么去研究，我们需要的证据是什么，观察到的现象能不能说明问题。制订一个实验方案的过程就是思考和解决问题的过程。因此，实验方案不只是学生的事，更不只是教师的事，而是教师和学生一起解决的事，需要教师的介入。

实验是学生自由探索活动，但教师要关注其中的细节

在新课标中，提及最多的莫过于培养学生的探究精神了，这往往容易让我们走进一个误区——实验成了学生的自由活动。

三轮课在三个学生实验环节中，都是从实验一开始教师就让学生按小组开展实验，在巡视中看看小组能否顺利完成实验。我们对各个小组观察，有不尽如人意的地方：在实验过程中，学生对小垫片的摆放位置是五花八门，在实验中掉落的小垫片算不算，学生不清楚？对一倍宽、两倍宽、四倍宽小垫片的摆放位置是否合理不清楚？对预测的数据有先预测的，也有实验后添补的现象。对学生在实验中是怎么看待现象的，看到现象后怎么想的，了解得还不够深入。

作为一个科学教师，首先自己要去做一做实验，找一找可能出现的问题。这样，在学生的实验过程中，才能一针见血地发现问题、指出问题、纠正问题。在学生实验的过程中，教师的巡视也不应仅仅停留在看一看的基础上，更应走进有一些困难的小组，与他们一起完成实验，一起观察，一起思考。

学生实验不是自由活动，学生的自主探究，需要教师的介入，为学生提供一张"游览图"。

数据并非结论，需要教师和学生共同解读

在三轮课中，实验后数据的分析是整堂课的另一个重点，那么怎么用好这些数据，是不是有了数据就等于有了结论呢？

实验后的数据汇报环节，两位教师三堂课都采用了表格的形式，把学生的实验数据呈现在学生面前，让学生从得到的数据中寻找结果。严老师问学生：你是根据什么得出你的结论的？学生回答说是实验现象。严老师又追问这个实验现象是靠什么来证明你的观点的？学生这才想到实验数据。因此在学生的眼里，数据是用来干什么用的还不是很清楚。在厚度的数据分析中学生才开始意识到数据的差距，得出厚度更能增强抗弯曲的能力。而柯老师则让学生给大家详细地表述一下实验的现象及所得的数据，把大家的目光都吸引到了数据上，通过数据的比较，发现增加宽度能增强抵抗力，增加厚度更能增强抵抗力。

这就让我们不得不思考一个问题：怎么引导学生对数据进行分析？

在对比实验中，数据是得出实验结论的有力支柱，只有对数据进行全面、深入的分析，学生搞清楚弄明白这些数字代表了什么、说明了什么，才能得出正确的结论，否则就会出现两种情况：要么等着教师来下结论，要么对其他同学的结论不知所云。教师要做到三点：①带领学生学会看数据；②结论的得出要让学生自己说；③在拓展运用中多问为什么。

评述与分析（三）

教师的适度介入，是促进学生有效探究的保障。学生的探究实验是以学生为主体，独立实现认识过程，即在教师的启发下，学生自觉地、主动地探索，形成科学结论，这是一个归因过程。不言而喻，需要教师的介入，促进学生的有效探究。

■课前预设，教师要做精心的设计

1. 优化教学方法

教学方法的选择要依据学生的年龄特征和认知规律，按照科学认识的基本程序，精心设计教学过程，指导学生像科学家那样认识各种自然事物的变化过程、变化规律和变化原因。学生学习应以自主学习为主，在最近发展区的理论指导下，自行确定学习目标，自行选择教学内容与探究方式。

2. 选择典型的实验对象

实验对象要能反映事物的共性，排除由于实验对象的个别性而影响实验效果，促使学生的思维朝着发现某种实验差异、演绎某种结论的方向发展。

3. 选择安全可靠的实验材料

为了使学生实验安全可靠，教师必须备足备好实验材料，要充分估计实验的干扰因素和安全问题，并做事先检查与实验，确保实验结果的可靠性。

■课内活用，教师要不断积累实作性的经验

1. 提高学力，减少无效意外

在教学时，教师要充分估计可能出现的教学意外，提高学生的学力，减少无效意外的出现。

①让学生的问题具有导向性。学生的学习活动总是在特定的情境下开始的，教师应要求学生仔细观察教学情境，与其原有的认知结构产生矛盾，形成学习需求，以此作为学习的起点。由于学生提的问题是否有价值会直接影响探究活动，教师应构建问题程序：提出问题—梳理问题—确定问题，让学生通过择需、择要、择优，使问题具有导向性。

②让学生的设计具有预见性。教师在课堂上要善于指导，要求学生围绕问题，运用一定的基础知识，作出合理的假设；根据实验目的、围绕假设，选择有结构的材料，设计实验方案，既要让学生充分估计实验现象，又要让学生充分考虑实验的干扰因素；要求学生从正反两方面推测现象与实验结论间的本质联系。

③让学生的操作具有科学性。首先，要求学生正确组装，认真检查。其次，要求学生按预定的操作程序认真执行、仔细观察、正确测量。再次，要求学生在实验报告中做好实验记录、数字统计。

④让学生的研讨具有深刻性。a. 由于某些实验现象和变化客观的存在和中介状态，加上实验条件的制约以及小学生的实验能力和观察能力的差异，语言加工能力的不成熟，学生描述的实验结果往往是不一致的。要求学生在汇报实验说明实验过程、实验现象和实验分析。b. 归因。让学生在众多的实验结果中进行比较，教师要善于抓住学生讨论中产生的一些矛盾，巧妙地运用矛盾，引起小组讨论和集体争论，通过归因使学生能够建构科学的概念。

2. 急中生智，解决教学意外

①让学生学会比较。如何正确处理教学意外，往往能反映一个教师的教学机智和驾驭课堂的能力。针对教学意外，教师要为我所用。首先要求学生分辨教学意外的性质是否有效，对于无效的教学意外，教师可以直接解决或给予筛除，对于有效的教学意外，教师应推波助澜，让学生进行深入探究，形成课堂小高潮。

②让学生自行解决。教师要培养学生实事求是的科学态度，让学生先对教学意外的产生原因作出分析，再进行有效实验，形成正确结论。课后介入显得尤为重要

■课后反思，教师的"功夫在诗外"

课堂改进依托课例研究，让教师走进课堂做研究。让教师通过"课堂观察—课堂诊断—改进意见—调整实施"循环跟进的方式，提升课堂教学水平和专业能力。课例研究强调教师的课前介入和课后介入，从某种意义上说，课后介入显得尤为重要，这样才能确保教师在改进的过程中得到发展。

综上所述，教师的介入对学生的探究学习的影响是深远的。教师应该注重自己的介入时机和方式方法，尽量体现适时、适度和适当，做好以下四件事。

第一，教师必须介入到学生的科学探究活动中，但应明确自己的角色定位，应以学生的同伴、朋友的身份介入，站在学生的角度去思考、想象和创造，而不是高高在上的权威拥有者。

第二，教师介入方式应用直接或间接的方式介入，即通过一些没有具体导向式"煽风点火"般的介入，如"你们真能干"，"还有新的发现吗？"等等，这样能够有效地促进学生的探究活动引向深入。

第三，教师介入的目标要明确。教师不是为了让学生知道准确的科学结论而介入，而是为了帮助学生体验科学结论形成的过程。

第四，教师的介入要注重学生科学素养的培养，注重学生科学方法、行为、习惯的培养和训练，重视科学知识的应用。

■教师介入的原则

教师介入得过早，会阻碍学生自主发现的机会；介入太晚，会让学生的探究活动过久地处于盲目状态，不仅浪费了大量的时间，又没有完成教学任务；如果对那些根本不必要、不应该介入的过程也进行干预，也会剥夺学生尝试错误的机会；如果对一些需要介入的学生探究活动的过程不能进行充分

引导，也会使学生束手无策。

要正确把握教师介入的时机，就必须明确以下几个原则。

①促进性原则。教师和学生的关系在一定程度上是一种合作伙伴的关系，教师的一切指导和介入归根结底都是为了让学生有效地进行探究学习活动。

②自主性原则。这也是教师介入学生探究活动的最重要的一个原则。学生在探究活动的整个过程中的认知发展具有个体性和阶段性。当学生在探究过程中出现问题，要及时给予提示、诱导，帮助他们顺利地转入下一个探究环节。

③系统性原则。教师要对整个班级或者各个探究小组的活动进程有一个整体的把握。

④适度性原则。教师对学生探究活动的介入要适度，有的时候需要"点到为止"。在探究过程中，如果个别学生注意力不够集中，教师要进行巧妙的提醒，如果学生普遍如此，教师就要当机立断，要迅速查找原因，予以解决，避免低效、无效的探究。

进一步要思考的问题

虽然，我们对"教师的介入对学生探究学习的影响"有了一定的认识，但限于我们的能力，下面这些问题有待进一步研究。

1. 课堂教学的时间是有限的，合理地安排教学环节和时间分配显得至关重要，教师如何进行有效的课前介入？

2. 任何事情都有一个度，教师在介入时如何把握分寸，真正做到适时、适度、适当？

3. 课后的介入是一个全新的话题，教师如何让自己行走在课堂改进的探索之路，使自己的专业素养得到不断的提升？

附：雁过有痕始显真

"抵抗弯曲"，共进行了三轮课例研究，分别由严云华、柯爱娣老师执教，由一个草根研究的团队在运作。可以说是一课三研，行为跟进，有一个明显的改进过程。我们课例研究行动小组一路过来，也是拨云见日，从"迷茫"走向"清晰"。我们围绕"教师的介入指导对学生科学探究学习的影响"的主题，从以下几个方面展开：为什么要研究这个主题？做了什么？有什么变化？说明了什么？想到了什么？一路走来，我们可以用"用心、行动、坚持、思想、跟进、顿悟、提升、幸福"来形容自己的心路历程。

● 课堂观察

课堂观察对教师也是一种考量：能抓住关键性事件，用事实说话；能以小见大，细节成就成功；能以学论教，从现象说本质。

三棱镜（严云华）

对于课例研究，我们以前始终对它有一种距离感，以为那是专家的事，需要高精尖的仪器；但是，通过这一轮的研究，使我对它有了一种自己的理解。在以前的课堂观察中我也会从不同的角度进行观察，但是观察时感性成分居多，定性较多，很少进行量化，更缺少理论的引领。通过课例研究，使我们有了像医生一般敏锐的眼睛，课例研究就像一把锋利的解剖刀，使我们有了从一滴水中见太阳的"功力"。其实，课例研究就像足球场上的几十架从不同角度拍摄的摄像机，它可以捕捉到许多新鲜的从一般的角度拍不到的镜头。

学会"听课"（梁宗平）

从教十几年了，听了许多课，可直到这次培训，才发现自己其实不会听课。以前的教研活动，就是大家都去听一个人上课，然后再各自发表一些不疼不痒的意见或建议。每个学期下来，总觉得这教研活动没啥意义，对自己没有什么帮助。每个人都渴望进步，都希望自己的教学变得有味道也有成绩。参加了这次培训学习，我感到自己有了许多可喜的变化。我逐步学会了如何去听课，学会了用数据去记录课堂，用数据来分析课堂教学中某个方面的情况。我也真正地喜欢去学习理论，真正地感觉到理论知识对我教学的帮助。

● 课堂诊断

清晰呈现课堂实录

课堂实录，就是借助录像或录音记录整堂课教师与学生的语言信息，反映师生交互活动。它可以诊断教师的提问、学生的回答和教师的回应等。如何发挥课堂实录的作用，科学组总结出许多行之有效的辅助办法：①教学流程图，清晰呈现课堂环节与教学策略；②统计图（柱形、折线、圆饼＋数据表），反应数据的变化和增量，适于同课异构和课堂改进；③语言描述＋关键词，能形象地反映一课三研的过程及课堂改进的效果。

课例研究中数据采集的难度（陈明）

课例研究刚开始时，我们就在课堂上采集各类相关数据，听课结束后，分组对数据进行分析、归类，然后会合课堂教学情况，对教师的教学进行评估。但是随着研讨的推进，我发现数据的获取和教学环境的因素关联太大，有时候会影响到对教师的评价。例如，1. 这些数据是在怎样的情况下得到的（实验环境差异对数据的影响）。2. 这些数据是在什么样的原始数据基础上得到的（数据的偶然性）。3. 学生思考实验过程是否准确（加强实验过程的严谨性）。否则对我们在课例研究时候的应用会起到误导。所以我们采集数据的时候要非常仔细，慎之又慎。什么事情都是一回生，二回熟，熟能生巧，巧能生精。做事情，需要有一定的信念，我正在树立这样的信念当中。

学会"顿悟"。顿悟是一门艺术，需要教师的专业背景作支撑。开好课前、课后两个会，围绕研究主题，让学员头脑风暴，进行同伴互助。把"想的—做的—说的—写的"统一起来，针对课堂改进，进行质的研究。

诊断报告要切入肌理、钻进骨子

①布篇谋局，构思严谨。②切入肌理，钻进骨子。不要浮在面上，一般教师只能看到四个大点，应该细分，这样才有深度。③语言精练，凸显科学。克服语言的随意性，尽量体现科学学科的特点。④思维严密，循序渐进。⑤据理力争，自圆其说。

● 研修文化

课例研究是真正的对教学问题的研究，是一种行为跟进式的研究。我们的教师经历了三个阶段：自我怀疑阶段——自我否定阶段（观察与分析阶段）——积极验证阶段，铸就了三种精神：①长征精神。参与课例研究过程的每一位学员都有了不畏选题、观课、评课、指导、改进等各个环节的艰难险阻，都有了特别能吃苦，特别能研究的长征精神。②求索精神。课例研究是一种行动研究，是针对教学问题的一种研究，是在教学的过程中进行的一种研究，同时也是为了改进教学的一种研究。因此它需要研究人员针对所选择的有意义的专题，大胆假设和小心求证，其具体的途径和方法就是针对课堂上发现的问题一步步追因，一步步提出指导改进的策略，连续实验，持续改进，直至问题得到满意解决。③唯美精神。课例研究的成果与发现是课堂教学改进无尽的原动力，因此，改进教学的历程永远没有终点。每一次课例研究中令人欣喜的发现连同问题的解决结果都只是阶段的成果，留下的或多或少的遗憾与美中不足都是课例研究向深层次拓展的动力和理由。真可谓"不达目的不罢休"啊。

课例研究并不高深莫测，它就发生在我们职业生活的过程中。课例研究意义重大，经历这一过程的你和我都是"可爱的"，都是在告别过去的基点，站在新的高度审视未来的发展空间。

课例研究是一种行动研究，它必须是在专业引领下的教师联合起来计划、观察、分析和提炼真实的本质的课堂教学的过程。课例研究并不是泛泛的研究，一开始，在课例研究的过程中我们还处在入门阶段，还停留在经验的层面上，不善于对课堂中发现的问题作出科学的理性的分析与深入反思，因此，我们的课例研究效果明显打折。在这过程中我们虽然能进行一般的课例研究，但我们的效果还停留在肌理，还没能真正钻进骨子——深度不够。同时，我们的课例研究是在同伴、专业研究人员之间多元的对话过程中进行的，我们在这一过程中也不乏矛盾、问题、冲突、碰撞，这使我们对教学理念有新的认识与提升，并对自己的实践行为有新的诠释和策略。我们还没能有效地运用好研究点的可行性去把握问题的本质，从而找到解决的切入口，真正钻进骨子，形成有效的对策。

踩着一路的荆棘，我们艰难地行走在课例研究的道路上。这条路上有我们太多的辛勤和汗水，回望过去无限感慨，展望未来意气奋发。课例研究让我们成长，它使我们思路开阔了，想的比以前多了；它使我们眼光敏锐了，看问题准确了；它使我们观点新颖了，分析入情入理了。课例研究让我们对教学有了新的认识，一堂课目标该怎么定位，教师每个环节要落实的目标是什么，怎么来落实这个目标。

"雁过留声"——我们学习，我们参与；我们冥想，我们改进；我们反思，我们提高。每天早起、晚睡，舍却了休息日，冷淡了家人，"煲出"了一份份课例报告、教学诊断、观察分析、科学日志。教学设计、上课、讨论、改进；再上课、再讨论、再改进；第三次，第四次……为困惑苦恼，为精彩欢颜，课堂改进伴我们成长。

课堂实录

"抵抗弯曲"（小学科学教科版六年级上册）第一轮实录

教学环节	对话实录
引入	T：今天我们来当一回小小建筑师，每位同学坐着的凳子的凳面是由什么支撑的？ S：柱子。 T：我把凳子分解了，像这样竖直的叫什么？ S：①立柱；②凳腿；③柱子。 T：像这样竖直的我们叫做立柱。 T：把坐着的凳子拿起来观察一下，有一根横着的东西？这根东西我们叫什么？ S：横梁。 （评：横梁和柱子是本节课的认知基础。通过观察凳子这个活动，唤醒了学生的生活经验，为后面的学习奠定了基础。但感觉这与房屋和桥梁上的横梁和柱子相差远了点） T：对，我们把这根横着的叫做横梁，如果一位同学坐着的凳子塌掉了，是柱子断了还是横梁断了？ S：立柱、横梁。 T：同意横梁先断的请举手？其实在建筑物当中，横梁特别容易断。如果横梁断了的话，危害就大了。所以研究横梁的抗弯曲能力是相当重要的，今天我们就来研究横梁的抗弯曲能力。 （评：受力时是横梁容易断还是柱子容易断？学生没有切身感受，于是就没有清晰的认识，只有教师来叙述并提出要研究的问题） 研究纸横梁的宽度与抵抗能力的关系 T：请大家打开书本26页，观察书本上的老房子和桥梁，看看它们有没有横梁和立柱？横梁是否坚固，关系到建筑物的稳固。今天我们就来研究横梁的抗弯曲能力跟什么有关？ S：①厚度；②宽度；③长度；④材料；⑤形状。 T：今天我们就来研究横梁的长度和宽度与它的抗弯曲能力的关系如何？为了方便，我们用纸横梁来研究。 T：我们把纸横梁放在两个钩码盒上，然后在纸的中央放重物，我们用铁垫圈来做实验，它们的大小、形状、轻重都一样。我们来看看一张纸能够承受几个垫圈的重量？ T：（教师演示） T：老师这样的方法对吗？ S：不对。 T：不对在哪里？

教学环节	对话实录
	S：不能从高处掉下去？ T：一张纸到底能承受几个垫圈的重量呢？（教师实验演示） T：四个垫圈刚好使纸接触到桌面，那说明纸横梁能够承受几个垫圈的重量呢？ S：四个。 T：四个已经使纸横梁垮掉了，到底能承受几个呢？ S：三个。 T：对，横梁承受的垫圈数是横梁垮掉前的个数。 （评：这里的师生互动交流很好，把实验过程中需要注意的一些问题提了出来，为后面的实验操作做了很好的铺垫） T：怎么来研究宽度和纸横梁的抗弯曲能力呢？需要哪些材料呢？怎么做这个实验呢？这又是一个什么实验？ S：（讨论） T：这是一个比较实验。比较实验是有几个条件在变呢？ S：只有一个条件不变。 T：是这样吗？ S：刚好相反。 T：对，比较实验只改变一个条件，其余条件不变。也就是说你研究什么，它就是变量。 T：要做这个实验我们要几张纸？ S：①两张；②三张。 T：为了节约时间，老师给你们准备了三张纸，用三张纸做实验，我们也可以得到一些规律。 T：请四号同学从抽屉中拿出三张纸，观察这三张纸的区别。 S：他们的宽度分别是3厘米、6厘米、12厘米。 T：对，这三张纸其余条件都一样，只有宽度不一样，那你们会做这个实验了吗？ S：会。 T：接下来，请大家看一下实验要求。 S：（读实验要求） T：（针对学生读的每一条进行示范）我们在做实验之前，首先要预测一下，再进行实测，最后把实验发现写下来，要把自己的真实感受写下来。 S：先预测，然后实验。 （评：在这个环节中，教师带领学生进行了实验初始设计、修改和完善，强调动手之前先动脑，符合学生的认知规律。但严老师没有放手让学生自己决定纸的宽度，所以学生就不知道为什么要选择这三种宽度的纸了）

教学环节	对话实录
	T：（教师巡回指导） S：（汇报） T：（统计）请根据实验数据说说你的发现。 S：纸的抗弯曲能力和宽度有关，纸越宽，抗弯曲能力越强。 T：你是根据什么得出你的结论的？ S：实验现象。 T：这个实验现象是靠什么来证明你的观点的？ S：实验数据。 T：实验数据在科学课中是最有说服力的，最铁面无私的。 T：请其他同学来说说，说的和别的同学一样没有问题，只要是你自己的发现。 S：纸越宽，抗弯曲能力越强。 T：好的，那你的结论用什么来证明的。 S：实验数据。 T：对，我们以后做实验，它的结论一定要有数据或者另外的证据来证明。 （评："你的结论是用什么来证明的？"严老师的几次追问体现了他非常重视培养学生的数据意识）
研究纸梁的厚度与抵抗弯曲能力的关系	T：接下来我们来研究纸的厚度与抗弯曲能力的关系。 T：这个实验要不要老师来讲怎么做？ S：不用。 T：这个实验只要改变什么就可以了？ S：厚度。 T：请三号同学从抽屉中拿出不同厚度的纸来做实验。 T：一倍厚的这张纸是否需要重新做一遍？其实就是刚才的一倍宽的纸，所以把刚才一倍宽的数据抄下来就可以了，重点是做二倍厚和四倍厚的实验。 （评：这里忽略了预测这个环节，直接导致后面学生不能主动进行预测数据和实测数据的对比，较难发现增加厚度能大大提高纸的抗弯曲能力） T：老师要看看你们的眼睛是否很敏锐，这次的发现和刚才的发现是否完全一样。 S：（汇报） T：（统计） T：这个实验你们发现了什么，是不是很简单？是否把刚才的发现中的宽度换成厚度就可以了？ S：不是的。 S：纸越厚，它的抗弯曲能力就大大增强。

教学环节	对话实录
	T：你是怎么发现的？你是第几组？ S：第四组。 T：请你说说你们这组的数据。 S：四倍宽的时候能承受 7 个垫圈，而四倍厚的时候能承受 30 个垫圈。 T：刚才这位同学是通过两个实验的数据悬殊来得出这个结论的，有没有同学有另外的发现？ S：纸越厚，它的抗弯曲能力更强了。 T：好的，我们来分析一下全班的数据。一倍宽与一倍厚的抗弯曲能力是基本一样的，而四倍宽与四倍厚的抗弯曲能力相差悬殊。
拓展延伸	T：我们学了要干嘛？ S：学以致用。 T：对，我们学了之后就要用，接下来严老师要考考大家，你们有没有白学？把书本打开。 T：书本 28 页上的小建筑师遇到了什么问题？ S：横梁是立着放还是横着放？ T：为了使这个房子更牢固，你能帮建筑师想出什么办法来吗？并要说出理由？给你们 30 秒时间讨论。 S：（讨论） S：（汇报）立着放。 T：请说出你的理由？ S：因为立着放能大大增加横梁的抗弯曲能力。 T：现在严老师要质疑他这种观点，我认为立着放的时候宽度大大减小，为什么抗弯曲能力反而增强呢？增加厚度的抗弯曲能力和减小宽度的抗弯曲能力刚好抵消吗？ S：我认为是横着放好，因为它的接触面大。 T：现在老师是在质疑刚才这位同学的观点，你的观点等会儿分析。 S：因为增加厚度要比增加宽度的抗弯曲能力要好很多。 T：你的意思是增加的厚度的抗弯曲能力抵消了减小宽度的抗弯曲能力之后，还增强了很多抗弯曲能力。 S：我同意刚才这位同学的观点，因为从刚才的实验数据中我发现增加纸横梁的厚度远远要比增强纸横梁的宽度的抗弯曲能力要大。 T：请刚才认为是横着放的这位同学说理由。 S：因为横着放时的承受面积要大。 T：刚才的实验中，我们发现增加纸横梁的厚度要比增强纸横梁的宽度更能提高抗弯曲能力。如果你还不相信的话，请你抬头看看教室里的横梁它是怎么放的？

教学环节	对话实录
	T：（演示实验）拿出铁架台和钢尺、铁榔头做演示实验。边实验、边讲解。 T：（呈现照片）看看我们学校的食堂里、走廊上的横梁是怎么放的？ T：最后看看我们每位同学坐的凳子上的横梁到底是怎么放的？ S：（观察）。 S：（汇报）凳子上的横梁是立着放的。 （评：学的最终目标是用，是服务于人类的生活。在这个应用知识的过程中，教师发现了学生对于概念的理解程度，找出了存在的问题，并通过演示实验纠正了学生的错误想法） T：现在我们要提倡节能、低碳生活。加厚要增加材料，如果把材料的中间做空行吗？ S：不行。 师：真的不行吗？那为什么像水稻、麦秆中间是空的却能抵挡台风呢？这就是我们下堂课要来研究的。 （评：课堂外是学生学科学、用科学的广阔天地。让学生带着问题走向生活，把课内内容有效地拓展到课外，既是本堂课的延伸，又是下节课教学的前提条件）

第五章　怎样学习科学中的抽象概念

前面的话

研究案例

- ■研究前的精心考虑
- ■以抽象理解抽象——学生糊涂了
- ■理解抽象概念——有层次地设计思维推进
- ■化无形为有形——充分理解抽象概念

评述与分析

- ■如何帮助学生学习抽象概念
- ■迁移发生在对知识原理真正理解的基础上

声　音

　附：课堂案例实录

前面的话

2009 年 5 月，由青浦教师进修学院教研员、科研人员和上海教科院科研人员组成的研究小组，通过问卷调研、访谈以及各种观课等方式，对我们的小学自然学科教学现状做了如下判断：教师在落实"过程与方法"目标的时候，能关注到"过程"和"探究"，但落实中存在困难，最重要的在于没有操作性思路；教师们用"讲实验"和"演示实验"代替"学生实验"，这一情况比较普遍；在学生进行科学探究时，教师对活动的组织，活动前、活动中的指导，活动后的展示交流缺乏有效策略；教师满堂讲、满堂问的现象还比较普遍，学生的主体性还没有得到充分体现，思维水平没得到有效提升……

面对这些调研结果，我们决定从"如何判断学生的真实起点"出发，制订合适的教学目标，就如何围绕科学的核心概念组织教学等开展主题研究。本章所涉及的只是其中的一次课例研究。在这次课例研究之前，已经开展过两次区域层面的课例研究活动，分别是以小学自然课"磁铁的两极"和"溶解"为载体进行，并在三十多人的研究小组内达成共识。

1. 课例研究旨在课堂的改进。我们将重点关注"过程与方法"目标的有效实施，这将有助于提高科学教师对于自然学科的学科本质的认识。

2. 课例研究旨在改进教师的教学行为，缩短青年教师的成长期。

3. 我们希望通过课例研究，构建一个有着共同愿景的科学教师学习共同体。课例研究小组成员与指导者一起成长，共同提升我们的学科教学知识。

研究案例

化无形为有形

■研究前的精心考虑

研究什么主题？

这次，我和教师们商量以"关注概念形成中的学生思维发展"为研究主题。确定此主题出于两点考虑：一是针对我们之前的调研结果中出现的问题；二是考虑到小学科学对"科学探究为核心"这一课程要求。"学习科学是学生要做什么，而不是要作用于孩子身上什么"①。《美国国家科学教育标准》强调让学生用生动有趣的方法学习科学，使学生能够理解科学知识。学生理解了，就能运用知识做事情，就能利用知识解释、说明和认识世界。

选择什么内容来研究？

基于此，我们选择四年级第一学期"磁"单元的"磁场"一课进行课例研究。选择这一内容也是出于以下多种原因的考虑：首先，考虑到内容上的系统性和承续性。第一次开展区域课例研究时所选的"磁铁的两极"也是在这一单元内，单元主题的整体设计必将帮助教师们对教材中同一主题的内容进行深入理解。磁体间的相互作用是通过磁场而发生的，这一概念的学习有助于学生从本质上理解磁的各种性质。其次，考虑到这一内容处理的难度。"磁场"内容在我们手头牛津版的教材中只是简单提及，没有对教学目标进行解释。这让我们的教师在处理内容时没了"方向"。我们查阅了小学科学三年级到六年级的国家课程标准以及上海市的小学自然课程标准，都没有给出相关说明。此外，我们也查阅了其他版本的教材，小学阶段几乎都没有呈现"磁场"这一具体的教学内容，这无疑给教师提出了难题。另外，"磁场"内容本身比较抽象，对于四年级的学生来说，已经掌握的，以及需要达到怎样的程度，教师都需要有明确的认识。看起来，教师不仅要对学生的学情进行深入分析，还要协商教学目标，明确教学内容和方法，这是一个不小的挑战！最后，我们也希望通过这节课寻找一种"如何学习抽象的科学概念"的策略，最终促进学生的思维发展。

这一课的选择，最终得到了课例组教师的一致认可，大家认为该试着啃一啃这块"硬骨头"。

确定研究对象与方法

我们区的专职科学教师并不很多，小钱老师是其中一个，有5年的教龄。据我的观察和了解，小钱老师的动手能力特别强，在带领学生设计各种实验、做科学小制作方面很有自己的想法。但在课堂上，他的这种"优势"却往往发挥得有限，是什么原因呢？我感到他在有限时间里，在如何有效组

_____

① 美国国家研究理事会. 美国国家科学教育标准［M］. 北京：科学技术文献出版社，1999，22.

织学生活动上总显不足，包括语言的把握等。这次，我有意识地问他是否愿意为我们开课，做一回"靶子"，他很爽快地就答应了。教师如果对开课很有"芥蒂"，必然会影响实践的进行。所以，我总是试图让教师开放自己的心态，一同融入这种"不是为了上好一节课，而是为了一同来探讨和提高"的气氛中。

研究小组一共要经历三次实践。第一轮课由执教教师自行设计并实施教学，与此同时，会有沈老师同步介入，进行同课教学。沈老师是我们区的名优教师，区级教学能手，从事自然学科教学已经 12 年之久。第二、第三轮则是改进课，我们想通过三轮课的改进及"比照"，聚焦问题，丰富我们的反思。课例组其他教师，则运用各种技术对小钱老师的三轮课进行观察与分析。从学生的学、教师的指导等角度，帮助执教教师寻找教学设计与教学实践之间的联系点和平衡点。试图从关注不够丰富的教学经验的"原行为阶段"到学习新课程理念、教学理论、别人的先进经验，寻找自身与他人的差距，反思自己的教学行为的"新设计阶段"，再到关注学生在课堂上的获得，寻找设计与现实的差距，反思不断调整自己的教学行为的"新行为阶段"。① 这也就是顾泠沅教授的研究团队一直倡导的"三阶段两反思"的行动学习过程。我们也期待能看到课堂改进过程中执教教师的变化。

■以抽象理解抽象——学生糊涂了

我们先来看看小钱老师第一轮课中所制订的教学目标：

1. 知道磁铁周围存在着磁场；

2. 初步了解磁场在生活中的运用；

3. 通过观察、设计、交流、实验，感受磁场对铁屑等磁性材料的影响；

4. 通过小组合作学习，感受到团队合作的快乐，并在活动中获得成就感。

从教学目标的分析看，三维目标均有所体现。情感态度上，强调了学生在愉悦的状态中进行学习；在知识与技能目标上，定位于知道、了解磁场及其运用；但在过程与方法目标上只是简单列出了一些具体方法，缺少一条清晰的帮助学生理解抽象概念的线。

---

① 顾泠沅，王洁. 行动教育：教师在职学习的范式革新［M］. 第 1 版. 上海：华东师范大学出版社，2007.

教学流程是这样安排的：

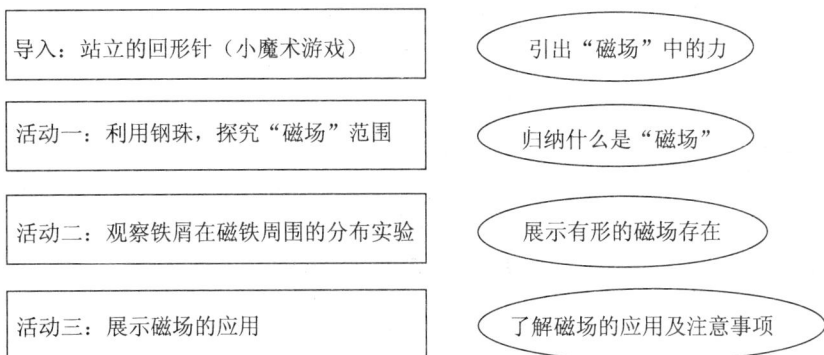

导入：站立的回形针（小魔术游戏）　　　　引出"磁场"中的力

活动一：利用钢珠，探究"磁场"范围　　　　归纳什么是"磁场"

活动二：观察铁屑在磁铁周围的分布实验　　展示有形的磁场存在

活动三：展示磁场的应用　　　　　　　　　了解磁场的应用及注意事项

【活动一】通过测量小钢珠与磁铁之间相互吸引时的距离，感受磁力

小钱老师首先采用演示实验，引出"磁场"中的力。小魔术活动——站立的回形针，学生对其非常感兴趣。因此，玩具里藏了一块磁铁，学生也不难推断。小钱老师的意图是：在"磁场"这一概念出示前，先做一个知识迁移，借助"力"这一学生已有的且比较易懂的概念进行引导，让学生去找这个"力"的特点。教师认为"磁力"不单单有力的共同特征，同时它是由于"磁场"而生，因而它还有一个范围，以及适用对象。教师试图通过让学生寻找这个"磁力"的范围即"磁场"的范围，然后引入"磁场"这一概念。

学生在此环节相对积极，他们试用钢珠在磁铁附近找出被吸引的位置，即找到磁力的作用范围，并想到用尺进行测量。我们选取了两个小组的学生在活动中的记录情况：

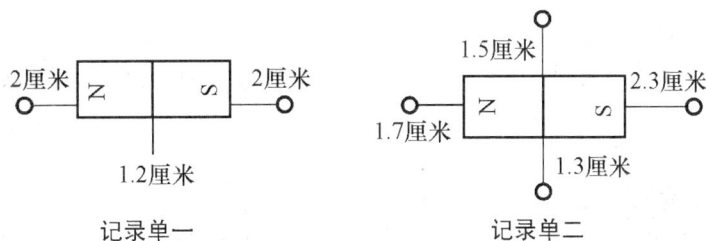

记录单一　　　　　　　　　　　　记录单二

教师试图带领孩子们找寻一种感受磁场的方法，然而仅仅用这2～3个点来说明磁铁周围存在磁场，我们感觉显然还存在较大问题。为建立起与磁场的联系，教师采取了以下的引导方式：

T：通过前面两节课关于对磁铁的学习，我们发现了很多磁铁的性质。首先，我们了解了各种各样的磁铁，它可以吸引什么啊？磁性材料，是不是啊。而且我们也知道了，磁铁的两极啊，它的磁性怎么样？

S：（齐）大。

T：对，强。中间怎么样？

S：弱。

T：在上一次我们又看了，磁铁它还可以指示什么啊？方向，是不是啊？今天我们又发现了一个磁铁的性质，它的范围怎么样？两极来得大，中间小。

T：这些磁铁的性质其实都是由磁铁的一种东西造成的，磁场。

从上面的片段可以看到，磁场这个名称的引入是教师直接给出的，随后，教师通过大段的传授式的语言，说明之所以选择并运用铁屑实验的原因，后面的铁屑实验自然也就成了验证实验，以证明教师所说的磁场是有范围的这一说法。我们来看下面的活动。

【活动二】验证磁场的存在

T：磁铁所有的性质都跟磁场有关。不过磁场这个东西我们没有办法看见。你看到磁铁周围有磁场吗？

S：没有。

T：没看到，是不是？我有个办法，可以做个实验看见。那么我想问个问题。虽然我们看不到它，但是你觉得这个磁场是不是有个范围？你来说说看！

T：什么原因？

S：有的，因为磁力有范围。

T：噢，磁力有范围。噢，你觉得磁场也有范围。磁力的范围是谁给它的？

S：（齐）磁场。

T：非常好。磁场也是有范围的。它的范围就是我们说的磁力的范围。刚才我们做了实验，你觉得他得出的这个结论正确吗？这个磁铁的范围。

……

T：今天这个方法大家不太知道。有个找磁场的好方法，可以准确知道磁场的范围。下面我给大家介绍一下。我们在做磁铁的时候，是不是把一个钢针磁化了？我想大家记得的。我们就是利用磁铁可以对磁性物质磁化的特点准确找到磁场的范围。怎么做？（演示）我这边有一盒铁屑。这个铁屑在磁场里会被磁化掉。那这个铁屑就会变成一根根小磁针。它会在磁场边上有规律地排列，就会出现一种特别的现象。

T：想不想看？

（学生开始实验，观察铁屑在条形磁铁周围的变化）

这个无形的磁场，在学生头脑中是否建立起来了？通过简单的验证实验，观察条形磁铁周围的铁屑分布，学生是看到一种现象，还是真的能够感受到"磁场"是存在于磁铁周围的一种特殊物质？学生能以此来解释生活中的现象吗？无论是从最后一个活动的设计和实际效果的反馈，还是从对学生的后测情况来看，效果都是大打折扣的。一句话，学生对磁场概念很糊涂。后测中有一题"请找出以下物体中哪些不能和磁铁放在一起"，并请学生描述理由。在46个学生中，全部判断正确的有31人。但这31人中，仅有2个学生描述道"磁铁的磁场会影响指针和手表内的其他磁性材料，使手表走得不准"，大约65%的学生只是简单描述"手表会坏"，"手表被干扰了"。与前测中的描述基本没什么区别。

皮亚杰多年来一直在寻找一个哲学问题的答案："我们是怎么知道自己知道什么的？"然后他得出结论，知识是不能被完完全全地由一个人传给另一个人的，人们必须拥有自己的知识和自己对知识的理解。学习不是简单地把信息从教师或教科书传给学生的大脑，相反，学生们应把已有知识与新知识结合起来，形成自己的理解。这样，新知识才能为每个学生所拥有。我们要学会思考"学生如何学会做科学"，明白这其中的过程要比知道结论强得多。

【执教者的体会】

通过教学，我也感受到了用无形的"力"去解释一个同样是无形的"磁场"，就四年级的学生而言是有困难的。我认识到自己所设计的活动存在问题。设计组教师也建议我，是否采用跟我同步开课的沈老师所采用的活动。我也认为沈老师设计的探究活动有很多可以借鉴的地方。此外，通过课例研究组教师对两节课师生交流情况的分析，在"学生提问"一栏中，沈老师的课堂上有10个学生对所学知识能提出疑问，而在我的课堂上一个提问的学生也没有。在"能在新资源的启发下改进教学"一栏，沈老师也高出7个百分点，我感觉自己在师生交流上亟待改进，除了改进探究活动，还要精心设计教师语言。

■理解抽象概念——有层次地设计思维推进

作为与钱老师同步开课的沈老师，她的教学设计和实施如下。

教学设计的"目标"一栏里写了三个：

1. 通过磁铁对周围磁性材料影响的探究，初步感受磁铁的周围都存在磁场；

2. 通过观察、记录条形磁铁和蹄形磁铁对铁屑的影响，进一步感受磁场的存在，同时发现磁场是有强弱的；

3. 通过对实验结果的预测，对实验现象的分析、解释，培养推理、分析的能力。

与其说这三个是"教学目标"，不如说是学生的"学习目标"，它们要求学生——感受、观察、记录、预测、分析、解释……在难度上依次递进。从科学思维上说，是实现使学生从感性的体验、观察到理性的推理和分析的过程。

沈老师通过四次活动来达成她的教学目标。更重要的是，通过学生的做，重要的是推进背后思维的增长。这中间，沈老师做了些什么，是如何实现推进的呢？

【活动一】感受

教师让学生利用所提供的材料设计"磁铁在不接触磁性材料的前提下，让磁性物质动起来"的游戏。材料包括：一次性杯、回形针、小铁钉、塑料管、棉线、小纸板、小指针和磁铁。

学生兴致高昂地分组活动。活动结束时，教师让学生介绍自己小组设计的游戏。交流了几组以后，教师发问："做了这些游戏，你们有什么问题吗？"这是一个发散性的问题，是想让学生提出问题。

然而，学生的想法总是在教师的设计之外，一个学生问："管子怎样使用？"这明显不是朝着预设方向的提问。不过，沈老师还是给予了解决，请用到管子的小组来解答。教师也意识到问题似乎需要收拢一些，于是问："刚才的游戏里面，磁铁都没有与磁性材料接触，但是能使磁性材料动起来，它们中间是有什么东西在产生作用呢？"一个学生提到了"磁场"，随之也揭示了今天的课题。

尽管课题已经揭示，教师抓住刚才活动中的"典型"，继续"借题发挥"："刚才我看到一个小组做游戏时，产生了一个问题，请他们上来。"

这正是学生刚才活动时，教师"有所作为"的结果：抓住典型，引向深入。
一个学生上台来演示他们刚才的游戏。老师问："你为什么要放得这么近？
远一点可以吗？"学生说不行。"那是怎么回事？"沈老师又问。"磁性不够，
磁有距离……"从学生的回答中已经让人感到她对"磁场强弱"的感性体
验。这可以算是第一个成功达成的目标。

【活动二】观察和表达

教师让学生研究"磁场"。教师先在实物投影上示范铁屑和条形磁铁的实
验，然后让学生自己来做，并观察结果，最后用画的方式表达所观察到的现象。

这里，要研究一个看不见的东西——磁场。这也是科学课中经常会碰到
的内容，即：如何通过有形的物体来研究无形的、抽象的东西。在这里是通
过小铁屑。

在学生活动时，沈老师正好来到摄像机对着的一组：

"尽量把你们看到的画出来。……你们看到了什么？"

"（磁铁）两边（小铁屑）多，中间（小铁屑）少。"

"观察得很仔细。还有什么现象？"

"（磁铁）外面都是弯的。"

"旁边呢？被它影响了吗？"

"没有。可能离得太远了。"

"说得很好。"

简单的对话，教师已能大致了解学生的观察和描述水平。

这一活动结束的时候，沈老师根据刚才观察的结果，又捕捉到了典型：
"我发现有些小组看到了特别神奇的现象，来跟大家分享一下。"

有几个小组被教师叫到投影仪边上来交流。

交流组一	交流组二
生："我画得周围很多很多，远的没有吸到。" 师："你想过吗，为什么远的没有吸到？" 生："磁场不够了……呃，磁性不够了。" 师："在这块条形磁铁上，铁屑分布怎样？" 生："中间少一点，周围多一点。" 师："周围指的是哪里？" 生："是两极多一点。" 师："外围呢？" 生："外围没有影响。"	生："我们发现铁屑形成了一个8字。" 师："哦，形成了一个8字，非常形象的比喻。" 生："其他的都集中在两边。" 师："周围怎样？受影响了吗？" 生："没受。"

尽管是小组的独立展示，沈老师还是以对话的方式对交流者的介绍作引导。让学生强烈意识到磁场是有强弱的，小铁屑在磁铁两极、中间处以及稍远的地方，其分布不同。

基于大家的观察和描述，沈老师边解释铁屑形成的磁场规律，边将它画在黑板上，作为对大家发现的总结。通过绘画，学生无形中比较了自己小组以及教师、其他组的科学表达。

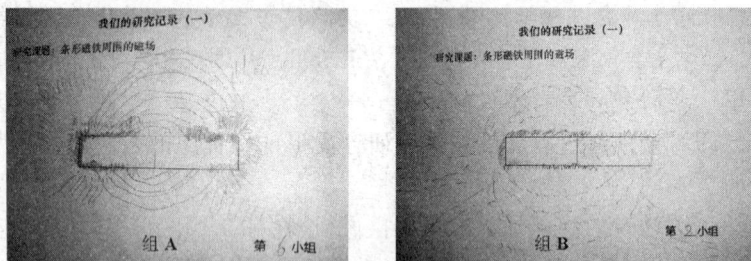

图 5-1 条形磁铁磁场观察

【活动三】猜想

教师让学生猜想，小铁屑在蹄形磁铁周围的分布会怎样，把猜想画下来。

这是本节课中最具难度的小组活动。然而，学生的完成情况有些出人意料。尽管无法完全预测准确，甚至有些还挺有偏差，但是，每个小组的预测都能做到"有依据"。所谓依据就是之前对条形磁铁磁场分布的详细解析。

交流组一	交流组二	交流组三
生：我们觉得蹄形磁铁的两极应该吸得很多，因为条形磁铁两极吸得很多。	师：我看到你们周围画了，但是好像没什么规律，有什么解释吗？ 生：周围吸不到铁屑。	生：我们猜测蹄形磁铁两头磁性强，中间磁性弱。 师：（指着周围的线条）这些线条，你们是怎么得到的？ 生：从之前条形磁铁那里（得到启发）。

学生在这一环节中，良好的推测是建立在先前对条形磁铁磁场的分析上。这为他们的猜想奠定了基础。可以说，在思维上是向前迈进的。

【活动四】验证

经过猜想，沈老师让学生做一做蹄形磁铁的实验，看一看小铁屑的真实分布如何,是否与小组的猜想相一致。

通过实验,学生看到了真实与猜想之间的异同。

交流组一	交流组二
生:我们发现磁铁周围有像彩虹一样弯弯的线。 师:他们刚才周围预想的时候没把周围画出来,现在画出来了。	生:我们发现蹄形磁铁中间部分磁性也很强,是呈横线的,不是乱七八糟的。 师:你们预想到了吗? 生:没有,我们以为中间没有磁性。 师:中间是她们没有预想到的,现在发现了。

从上面的不同角度的分析可以看出,随着探究活动的调整,学生的学习兴趣有了明显的变化。学生学习了一种方法,通过观察、记录、表达、描述磁场,对磁场有了比较感性的认识,从对条形磁铁到随后的蹄形磁铁的两次观察,包括预想的迁移活动,无疑对学生进一步理解磁场的特点有着积极的意义。

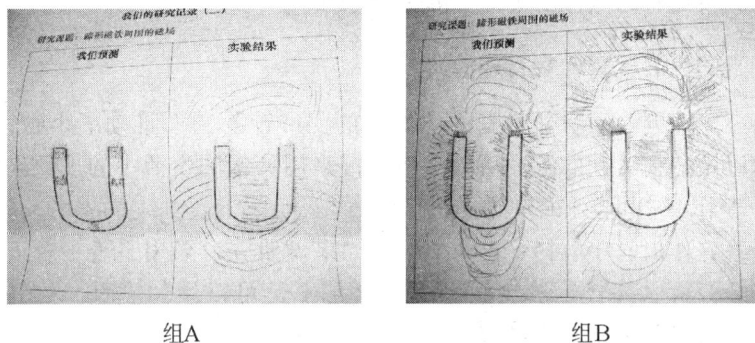

组A   组B

图5-2 蹄形磁铁磁场猜想与对比

对学生的前后测进行比较,仍旧是请学生判断"不能和磁铁放在一起的物品,并描述理由",前测中全部判断正确的有16人,占38%。大部分学生只填出一个正确选项或含有错误选项。能用磁铁的相关性质去解释的有35人,占83%,没有人提到磁场。后测中,全部判断正确的有29人,占64%,未全部正确的原因还是因为只填出一个正确选项或含有错误选项。能用磁铁的相关性质去解释的有42人,占93%,有6人能用磁场进行解释。

但是,我们也看到"看似不错"的课堂同样存在一个不尽如意的地方,那就是:35分钟的课变成了47分钟的课……我们最后认为,活动一还是仅仅停留在游戏活动的层面,没有和本节课的教学目标紧密相联。学生似乎只是在"玩乐",没有被激发起更多主动的思考。

■化无形为有形——充分理解抽象概念

如何激发学生主动思考，这是研究小组要思考的问题。此次课例研究的主题是"概念形成中学生思维的发展"，尽管前面教师精心设计了有层次推进思维的活动，学生似乎也很好地理解了磁场这一抽象概念，然而这似乎都是教师"设计"下的前进，与学生的"主动思考"尚有距离。

做课例研究，不是追求最后能有一堂完美的课，其实也没有完美课之说，但通过实践，确实把大家的思考自然地引向深入。当教师们能提出"怎样让学生主动思考，自己建立起对磁场的理解"这个问题时，我认为我们可以再有一些行动。这恐怕也只有在一个共同体中，在众多不同思想交会后才更有可能发生的事。

教师们对这一轮的教学目标做了一些调整，突出了磁场概念的学习与学生生活经验的联系，同时也强调由学生自主设计实验的过程。在教师们看来，学生所拥有的资源就是他们的生活经验。

朴素的生活现象代替有趣的游戏

第三轮课删除了看似热闹的"站立的回形针"和"谁动了小磁针"等小魔术以及隔物吸铁的游戏活动，而直接采用朴素的生活中的现象来导入。用"手表和书能不能和磁铁放在一起"这一问题引发学生的思考，学生能很快回答并作出简单解释。再问学生，如果做研究，采用手表不合适的话，用什么东西可以替代？学生们纷纷提出是不是可以用"磁针、磁铁、钢、铁等磁性材料"来代替。

怎样让磁场"被看见"

课堂中，学生交流了对磁场的一些若有若无的感受。在交流中，教师提议，用更加细小的磁性材料"铁屑"来做实验，让我们"看见"磁场。怎样实验？教师没有直接进行展示，而是让学生充分商议，形成自己的设计方案。

于是，有学生提出把铁屑撒在书上，看看隔着书本的磁铁对铁屑的影响。这时，教师建议学生可以用透明的塑料板来代替书本。还有学生提出把铁屑撒在磁铁的一边。在这个环节中，教师让学生在实物投影仪上进行简单演示，为后面实验的有效操作打下了基础。

一瓶铁屑、一块磁铁，这节课上，教师让学生自己发挥和展示这两者，通过不同的摆放，充分感受和观察"磁场"。

下面是课堂中拍摄下的学生通过"铁屑"这一物质来"看到"磁场的一组画面。

像烟花、像刺猬：磁场在学生头脑里"形成"

当一幅幅学生实验过程中的精彩的实验展示在学生面前的时候，我们来听听学生对于铁屑在磁铁周围分布情况的描述。

S：铁屑围在磁铁周围，像放鞭炮的图像。

S：就在周围，里面也有一点形状，像刺猬一样。

S：放射状的。

S：像声波一样。

S：铁屑竖起来了，大多数铁屑朝里，朝着磁铁的感觉。

S：铁屑像排队一样的，往里面旋的，像旋涡状的。

S：铁屑向四周扩散。

T：同学们说得真好，铁屑撒在磁铁的周围，像旋涡状、像放鞭炮一样，我们感受到了磁铁对于磁性材料的影响。

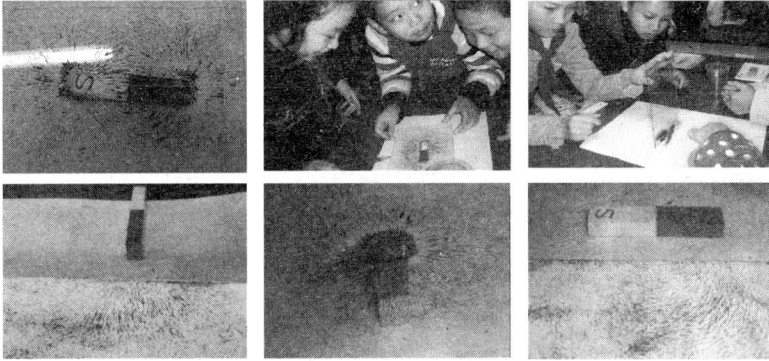

图5-3　条形磁铁实验示意

无论怎样摆放磁铁，只要均匀撒铁屑，它在磁铁的周围总会呈现出有规律的排列，这无疑就是学生脑中建立的磁场图。当教师询问看到这些画面，大家会想到什么，有学生道出了磁铁周围有磁性和磁场的说法。

之后，对于蹄形磁铁周围铁屑的排列，学生也做了不同的实验。这种关于铁屑的"图式"在学生头脑里更为深刻。而这种奇特的图式展示的正是磁场这一特殊物质。而且，通过分布密度的不同，学生可以从不同角度

"看到"磁场是有强弱的。下面是蹄形磁铁的实验图。

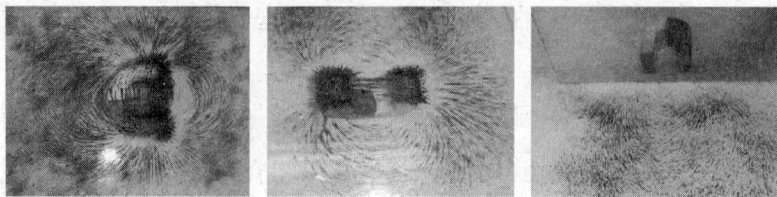

图 5-4　蹄形磁铁实验示意

对生活现象的解释

通过各种各样的、充分的"看见",一个抽象的磁场概念似乎已经在学生头脑里建立。在"看到"一系列的磁场现象后,我们再来听听学生对于手表不能放置在磁场周围的解释。

T:你觉得手表和磁铁放在一起可以吗?

S:不可以。

T:谁能用我们学到的知识来解释一下。

S:因为磁铁放在手表旁边会将手表磁化,有的东西会离开原来的位置,这样的话就会不准了。

T:它为什么会转移位置呢?

S:因为磁铁的周围有磁场。放得越近,磁场越强,对手表的影响越大。

T:说得真好。因为磁铁的周围有磁场,所以会对手表有影响。

教师还设计了两个生活情境,使学生有机会把刚刚建立的概念用以解释生活中的现象。一个是:受到磁铁影响后的录音磁带从"夕阳无限好,只是近黄昏"的学生朗诵变成"夕阳……好……只……黄昏"这样断断续续的声音。另一个,受磁铁影响的显示屏颜色发生了变化。学生们很自信地用自己刚掌握的磁场概念对此进行了解释。

实际上,这不仅是本堂课知识的应用,也让学生感到,生活中有那么多常见的现象是可以用科学知识来解释的,让他们学会在生活中主动留心,积极思考。

化无形为有形,从具象到抽象。至此,学生对于磁铁周围存在磁场,磁场会对周围磁性材料产生干扰的认识也更为深刻了。

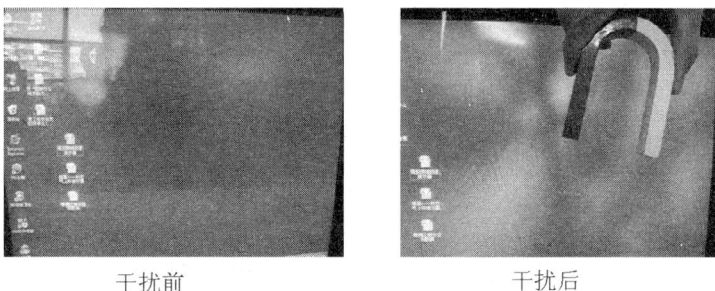

干扰前　　　　　　　　　　　　干扰后

图 5 – 5　磁场对于显示器的干扰实验

评述与分析

■如何帮助学生学习抽象概念

一个新概念的建立，必须建立在学生原有的经验基础上，必然是学生已有的生活概念或科学概念进行重新组合、改造的一个学习过程。

首先，要考虑学生已掌握的相关概念是什么。在教学上要考虑主题单元的整体设计。例如"磁场"概念的形成，它与磁铁的性质、磁铁间的相互作用等都是有各种关系的。这就需要教师调动学生的思维去理清这些关系、寻找这些关系之间的意义。

其次，充分挖掘蕴藏这个概念的学生的生活经验。学生拥有生活经验，这是他们理解和解释抽象概念的土壤。当我们能在抽象概念与学生经验之间建立衔接，就能让科学概念自然地出现，让学生的已有认识获得无痕的增长和完善。从探究磁场对手表的影响，到录音带的声音变得断断续续，再到显示屏的变色，等等，这些学生熟悉的经验，让他们对"磁场对磁性材料有影响"这一结论有了更为深刻的认识。而教师的作用就在于寻找到这些衔接的落脚点，让学生自己踩过去。

再有，此次课例研究中一直采用"化无形为有形"的方式帮助学生理解抽象概念。小铁屑就是认识"无形磁场"的"有形物质"。而在利用小铁屑的问题上，教师们最终给了学生充分的发挥的舞台。从一开始只是隔着透明塑料板均匀撒铁屑，到后来让学生自己创造发挥，学生果真就设计出多种多样的方式，通过它们亲眼"看到"铁屑的有规律的分布，从而感受磁场的存在以及磁场有强有弱的性质。

另外，学生在课堂中无意识提及的各种"隐喻"，正是他们理解抽象概念的一种方式。当他们提到铁屑的分布像什么的时候，是他们在努力表达自

己的理解。这种方式对他们来说是更容易接受的。如果要你给学生解释
"基因遗传具有偶然性",你会如何解释?如果我们采用比喻的方式,比如
说"基因就是宝石,你的母亲有100颗宝石,50颗黄色的,50颗红色的。
你再假设,你可以给你自己从中选出50颗。但是你必须闭上眼睛挑选。你
会拿哪些宝石呢?50颗全是黄色?50颗全是红色?或许只有一颗黄,49颗
红的?你知道,拿多少红色或者黄色,根本不能由你自己决定,这取决于偶
然因素。"①这样的解释,学生是否更容易理解和接受呢?

■迁移发生在对知识原理真正理解的基础上

我们觉得学生在猜测蹄形磁铁周围铁屑分布这一环节上,基本是成功
的。原因在于学生通过条形磁铁的实验,以及教师的分析,确实掌握了磁场
的"规律性"。

《人是如何学习的:大脑、心理、经验及学校》一书中,研究者认为要
实现迁移,就必须把知识和技能拓展到学校学习情境以外,学习者最起码要
知道所学知识什么时候能够被运用,运用的条件是什么,知识不能迁移在很
大程度上是因为学习者缺乏这类有条件的知识。靠死记硬背得来的知识很少
能被迁移,只有在知道并理解知识背后隐含的原理时,迁移才能发生。②

学习心理学中所研究出的"影响学习迁移"的条件有这样一些:在学
习内容或方法上,具有相同要素或类似活动的情况时,迁移容易发生;某些
经验被普遍化后能够在遇到其他相近或类似情境时,正迁移容易发生;在曾
经接受过学习方法训练的学习者身上,正迁移容易发生;在第一次学习过程
中,学习掌握的程度越高,后继学习中的积极迁移越多。

正是考虑到了这些条件,我们想到通过观察条形磁铁中铁屑的分布情
况,初步感知磁铁周围存在着磁场。随后让学生对蹄形磁铁的磁场进行预想
和推测,并运用之前的方法再用实验去证实,在学生的头脑中建立完整、连
续的印象。这也是一种学习策略的引导和培养。

---

① 贝蒂娜·施蒂克尔. 诺贝尔奖获得者与儿童对话 [M]. 张昌荣,译. 北京:生
活·读书·新知三联书店,2009:138.
② 布兰思福特. 人是如何学习的:大脑、心理、经验及学校 [M]. 程可拉,等
译. 上海:华东师范大学出版社,2003.

声　音

韦钰，P. Rowell　《探究式科学教育教学指导》

就思维过程而言，利用感知来判断和运用直觉的决策系统有许多相似之处，它们都是快速、平行和自动的联想过程，它们是不能刻意追求的，不能用明确的方式传授给其他人的；而在逻辑推理的决策系统中，运用的是较缓慢的、串联进行的、可控制的思维方式，它可以有规则可循，也可以根据规则而变化，这种推理的思维方式经过努力和积累是可以学会的。从思维的内容来看，由感知形成的认知，主要依靠感官在面对的、即时的刺激下获得的信息来进行。但是，无论是激情驱动下的依靠直觉的决策系统，还是依靠推理的逻辑决策系统，都需要建筑在大量知识和经验积累的基础上。这些知识和经验是可以陈述的、而且是用概念来表达的。在幼儿园和小学的科学教育中，我们让儿童从熟悉的、主要依靠感官而感知的认知方式方法出发，逐步学会运用基于事实的推理思维。

兰本达，布莱克伍德，布兰德韦恩　《小学科学教育的"探究—研讨"教学法》

尽管孩子们不太容易本能地看出内在的相似之处，但是一年级的孩子们（甚至一些成熟较早的学前班的孩子们）也会谈论内在的相似之处。内在相似之处表现在结构上、假设上或模型上；它们是思维上的一个飞跃。它们反映的是各种数据、现象或事件的概念的内涵。根据内在的相似之处把数据联系起来，比根据外表的相似之处分类，在思维上处于一个更高的水平；更重要的是，它还为发展想象能力和创造能力提供了更大的机会。找出内在的相似之处，就能提供一个共同的标准，或者一个单一的办法来看待两个或更多的矛盾的事物。对待矛盾的另一个办法是重新进行验证，或者再检查一下观察是否精确，看看是不是真的有矛盾。

……

孩子开始使用抽象的词汇时，也就有了新的思想，他的语言变得更丰富了。语言的完善其实质就是思维的完善。在构建概念的过程中，师生交流就像是"剥竹笋"，教师在不断地提问、辩驳、追问中，不断教给学生新的语言（词汇），不断让学生抛弃错误的看法，不断剥离具象，趋向更科学更概括的概念。

概念的建构过程，就是思维的发展过程，从复合思维通向完全概念的思维。

布兰思福特，著；程可拉，等译　《人是如何学习的：大脑、心理、经验及学校》

研究表明，抽象表征并不是保存事件的孤立例证，而是构建更大的相关事件的成分——图式（Holyoak，1984；Novick and Holyoak，1991）。知识的表征是通过多次观察不同事件的异同而建立起来的。图式被看成是复杂思维包括类比推理在内的特别重要的指引："成功的类比迁移导致应用原来解决问题的一般图式去解决后继的问题"（国家研究院，1944）。图式提高了记忆的提取和迁移能力，因为图式源自于更大范围的相关例证而非单一的学习经验。

韦钰，P. Rowell　《探究式科学教育教学指导》

在探究过程中我们要求学生记录，这虽然也是科学家研究时需要的步骤，但是，在科学课中特别强调，还包含了对培养学生语言和表达能力的考虑。学生记录下他们参与探究过程中获得的知识，以便复习；学生记录下他们的设想，以便回顾和总结；学生记录下他们实验的过程，以便分析；学生记录下他们自己的结论，学会总结，这个过程也是思维的过程；学生记下最后的结论，和自己原来的想法对比，学会发展自己的科学概念，学会用准确的语言来表达科学知识和概念。老师可以从学生的记录中对教学过程进行发展性评估，从而采取适合每个学生的教学策略。老师和学生都可以从录本中看到探究的成绩、学习的轨迹和对下一步的探究活动的设想。探究是一个不断循环而上升的过程，回顾自己的想法和经验是学生探究的新起点。

陈素平（浙江省温州市教育教学研究院）　《基于概念的小学科学教学探索》

"概念是连接几个事实或发现的思想"。科学事实为形成概念提供了证据，没有大量的事实就没有或者不会有丰富完善的概念。今天强调科学概念的教学，更要关注科学事实的积累、获取、丰富。观察和实验是获取事实、证据的根本途径，在小学科学课堂上，要强调观察、实验的重要性、有效性，以更好地为学生的科学概念发展服务。

附：课堂案例实录

课堂案例1："磁场"（小学四年级）第二轮实录（沈老师执教）

教学环节	对话实录
一、用"魔术"导入	T：上课之前，老师想给小朋友表演个魔术，想不想看？ S：想。 T：好，老师这里有一个小磁针，我们把它放在盒子里，盖起来（边说边操作）。好，小磁针关在里面了。我们等它停下来……好，老师现在要跟它说话了（老师藏着磁铁的手掌靠近小磁针），小磁针，动一下，再动一下，转一下。你有什么想说的吗？ S1：手上有磁铁。 T：你是怎么想的？ S1：没有磁铁的话，不可能动起来。 T：噢，这个磁针动，可能是老师用了磁铁是吗？其他小朋友怎么想？ S2：可能是用手表。 T：为什么你会想到是手表？ S2：手表可能也有磁性。 T：这个小朋友跟刚才那位一样，猜想可能老师是用到了一些有磁性的东西是吧。 请大家看一下我的手里。（摊开手掌给小朋友看） S：有磁铁。 T：确实有一块磁铁。大家来看一下（重复刚才的"魔术"）。当老师把磁铁靠近小磁针，有没有跟磁针接触？ S：没有。 T：但是磁针怎样？ S：转了。 T：转了，它运动了。磁铁影响到它了是吧？你有没有这样有趣的游戏，来跟大家介绍一下，让磁铁不和它接触，也能影响到它的。想一个小游戏，跟大家分享一下。有吗？
二、设计游戏，初步感受磁场	S1：有一次我拿两块磁铁，一块放在桌子（木板）下面，一块放在上面……让它这样走。（学生用手比画） T：太棒了，（对其他学生说）你们试过吗？ S：试过。 T：把一块磁铁放在上面，底下用一块磁铁，没有接触它，隔着木板了，也能影响到它。对吧，很有趣的实验。我们可以用磁针、磁铁，也可以用回形针、大头针，可以吗？今天老师给大家准备了很多材料（取了盘子——展示），在这个盘子里面。有一个小磁针，也有回形针、大头针，还有其他的一些材料，像他一样，设计一个很有趣的活动，能够让磁铁不接触这些磁性材料，也能让磁性材料运动。可以吗？

教学环节	对话实录
	S：可以。 T：好，材料在你们右边的抽屉板里，试一试。 ★学生开始分组活动，约4分钟 T：好，停一下好不好。我想听听看，刚才小朋友是怎么做的。谁来交流一下，哪个小组？噢，你来。 S1：把指南针插好，用杯子盖住，用磁铁在外面吸。 T：小磁针转了吗？ S1：转了。 T：他们用了这种方法，你们用了什么方法？ S2：把吸管竖着，然后用大头针和回形针放在里面。 T：也动了，是不是？你的磁铁有没有跟回形针接触到？ S2：没有。 T：来，你来说。 S3：（声音很轻） T：什么？响亮一些。 S3：为什么大的磁铁能吸，小的磁铁不能？ T：噢，他产生一个问题了，大的磁铁能让回形针动，但是小磁针不能（让回形针动），是吧？好，发现了一个问题，非常棒。（看到又有学生举手）你们呢？ S4：就是，那个，磁铁，红色对着红色，白色就对着白色。 T：用你们前面的知识可以怎么解释？（学生没有反应）我们学过磁铁的两极，同极怎样？排斥。异极怎样？相吸。 T：我们做了这么多游戏，你们有什么问题吗？ S5：我们把三枚回形针放在上面，外面罩着杯子，用磁铁去吸的话也可以吸起来的。 T：这样也可以的是吧。但是，这个不属于问题。有问题吗？你有什么问题？ S6：吸管怎么用？ T：他们的管子没有用。有没有小组用到管子了？（有学生举手）噢，你们是怎么做的？ S7：我们是用回形针放在管子里，然后用磁铁来吸…… T：然后，这个回形针在管子里像跳舞一样的是吗，嗯，第九组我们刚刚看到了。如果下了课你们对这个管子感兴趣的话，还可以去做一做。好，刚才我们在做的时候，磁铁都没有跟这些磁性材料接触，但是我们发现……（看到有小组还在玩实验器材，于是走过去）你们先收一下，行吗？我们发现，却能对这些磁性材料产生影响。那么，它们中间是不是有什么特殊的东西在影响它们呢？你们有什么想法吗？ （学生沉默）

教学环节	对话实录
	T：刚才，我听到有小朋友跟我说，里面有空气。空气会影响磁针吗？ S：不会。 T：那可能是什么？ S8：磁。 T：嗯，可能是磁铁影响了是吗。还有没有，噢，你有想法了，你说。 S9：我觉得可能是磁场。 T：你怎么想的？ S9：那个，我曾经看过电视，世界上有磁场的，磁场就会影响磁铁吸引。 T：她给了我们一个新的词，叫做"磁场"。你可能以前没有听说过。刚才，我们做了游戏，磁铁和磁性物质之间有一种特殊的东西，这种东西影响磁性材料，能够让它发生运动的东西，其实，我们就把它叫做"磁场"。（边在黑板上板书"磁场"二字，边说）刚刚那个小朋友在电视上已经了解到了有关磁场的小知识。大多数小朋友可能还不了解，所以今天我们要对这个磁场进行研究。
三、感受磁场的强弱，观察条形磁铁的磁场，并画下来	T：我刚才在一个小组看到一个问题，他们用到了小磁针和磁铁，他们在做的时候遇到了一个问题，我请这个小组上来演示一下，刚才做的时候遇到了什么问题？ S1：它（指小磁针）有时候会乱晃。 T：磁铁放在这里的时候（老师将磁铁放得离小磁针比较远），会怎样？ 　　学生将磁铁靠近磁针。 T：你为什么要放得这么近？远一点可以吗？ S1：不行。 T：其他小组有没有发现这个问题？ S：（轻声地）发现了。 T：放得近一点，可以影响到它，放得远了，就怎样？不行了。这到底是什么原因呢？ S2：磁场有一定的距离。 S3：磁性不够。 S4：磁的力量太弱了。 T：嗯，看来都跟磁有关，可能还跟我们今天讲到的磁场有关。为了让大家研究更加方便，今天老师给大家准备了这个，黑乎乎的东西，是铁屑。是把铁磨得跟粉末一样，它也是一种磁性材料。我们今天用铁屑来研究磁场。我们等会儿先把大纸摊在桌子上。将铁屑均匀地撒在这里的盖子上。"均匀"的意思能理解吗？（教师边说边在实物投影上操作） S：能。 T：老师现在是撒得比较均匀的。薄薄的一层就可以了。然后把条形磁铁放在纸上。拿起这个盖子，放到磁铁上，记住放的时候一定要让磁铁在盖子的中间。放上去，轻轻地敲动这个盖子，会有什么现象发生？想不想看一看。

教学环节	对话实录
	S：想。 T：要看，还要记。老师今天给小朋友准备了一张记录单。大家要把看到的现象记录在一号记录单上。用画的形式。可以吗？ S：可以。 T：我相信你们可以。好，开始。 ★学生分组活动约7分钟 T：好，我刚才看到有小组看到了特别特别神奇的现象。谁跟大家一起分享一下？好，第六组。上来。把记录单拿上来。 （学生将记录单放在实物投影仪上，下面的学生发出惊讶的"哇"声） S5：我们在塑料盖子上撒了很多的铅屑。 T：铁屑。 S5：铁屑。然后我们敲了几下，它就被慢慢吸到磁铁周围了。后来它们就竖起来了…… T：其他小朋友看一下他们画的，跟你们刚才看到的差不多吗？那老师有问题，你们这里好像画得特别多，为什么呀？ S5：因为磁铁有磁性，把这些铁屑都吸过去了。 T：两边怎样？ S5：两边很强。 T：周围为什么没有呢？ S5：太远了就没受影响。 T：噢，太远了，就没有受影响。他们观察得很仔细，中间的线也画出来了。还有哪个小组愿意来交流一下？ S6：我画得周围很多很多，也竖起来了。远的没有吸到。 T：你想过吗，为什么远的没有吸到？ S6：磁场不够了，呃，磁性不够了。 T：在这块条形磁铁上，铁屑分布怎样？ S6：中间少一点，周围多一点。 T：周围指的是哪里？ S6：是两极多一点。 T：外围呢？ S6：外围没有影响。 T：好，这是他们小组的发现。再请一个小组。 T：他们小组刚才做得非常非常清晰，来，你给大家看一下。 S7：我们敲了几下，铁屑就形成了一个8字。 T：哦，形成了一个8字，非常形象的比喻。我们看一下他们画的，确实有点像个8。然后呢？ S7：其他的都集中在两边。 T：周围怎样？受影响了吗？ S7：没受。

教学环节	对话实录
	T：我们刚才听了三个小组的交流。条形磁铁的磁场到底有没有什么规律呢？老师也来画一下。（教师在黑板上开始画）
	T：两极怎样？
	S：多。
	S：这边是不是有这样的线？这里呢？放射出去的。老师简单画一下。（边说边画）那么，从磁场的角度来说，为什么两边铁屑吸得会比较多？而中间是比较少的？
	S8：两端磁场比较强。
	T：嗯，用了一个很好的词——强。中间怎样？
	S8：中间比较弱。
	T：那外面的铁屑没有受磁铁的影响，可能磁场怎样？
	S8：弱。
	T：也是比较弱，比较小一点，这个说法也可以。周围呢？
	S9：这些铁屑散得比较开，不像两极吸得那么多。
	T：噢，你可能没有看到像两极的铁屑那么多，等会儿我们还有一个实验，你可以继续来观察。
四、蹄形磁铁的磁场 1. 预想	T：刚才我们发现条形磁铁的磁场是有强弱的。两极和中间，靠近的和不靠近的，是不同的。接下来我们来看一下蹄形磁铁，它的磁场是怎样的呢，又会形成一个怎样的图案？请大家先预想一下。老师这里给大家准备了一张记录单。左边部分，请大家预想一下，用最快的速度交流一下，然后把它记录下来。好，开始。 ★猜想蹄形磁铁磁场分布。学生分组活动约2分半钟 T：来，哪个小组把你们的预想跟大家来分享一下。我想听听看，你们为什么这么想？ S1：我们觉得蹄形磁铁的两极应该吸得很多。因为条形磁铁两极吸得很多。然后，我觉得蹄形磁铁这边应该不是很多，比较少一点。中间这边会吸得很少很少，因为磁性有点弱。 T：但是你们周围没有出现这样的图形，其他小组有意见吗？好，第二小组有意见。 S2：我觉得周围也有。 T：你们画了吗？给大家看一下。 S2：我觉得两端应该多一点，这边磁性比较弱，所以少一点……这边跟条形磁铁一样，最弱。 T：我看到你们在周围画了，但是我们看到有规律吗？ S：（在下面异口同声）没有。 T：你有什么解释吗？ S2：因为周围没有吸到。 T：你们认为周围吸不到，我刚才也看到有小组画了周围的，但是跟你们的不一样，来，哪个小组上来。上来交流是很光荣的事情，来，我们听好。

教学环节	对话实录
	S3：磁铁的两头磁力强，中间磁力弱。 T：这里，刚才的小组说不受影响，你们中间为什么画了一些线？从哪里得到的启示？ S3：从前面的条形磁铁。
2. 验证猜想：观察和记录蹄形磁铁的磁场	T：他们觉得刚才条形磁铁出现了一些有规律的线条，所以这里也画了有规律的线条。可能不像第二组所想象的那样是一个个的点。 T：到底怎样，我们要通过实验来验证。刚才有小组说"你没有把蹄形磁铁给我们，我们怎么知道呀"。现在老师就把蹄形磁铁发给你们，再请大家试一试，把观察到的现象画下来。和刚才一样做。但是有一个问题，就是我们先把盖子里的铁屑弄到旁边的槽里，然后重新撒一些铁屑。这次有经验了，盖子不要再移动了。组长，请你们来领蹄形磁铁。 ★验证猜想。学生分组活动约5分钟 T：我们来看一下，大家的实验结果是怎样的。你们小组。来，把他们的预想与实验结果进行对比。 S1：蹄形磁铁中间有像萝卜一样的纹路。它的两极吸得比较多。我们猜想它的磁场比较强。 T：他们说了一句话。听到了吗？第一组，能不能把你们手里的东西先放一下，我们现在先听别人说，下课再玩。 S1：我们发现蹄形磁铁周围有像彩虹一样弯弯的线。 T：他们刚才预想的时候，蹄形磁铁周围的磁场没有画出来，通过实验，他们发现了。这是他们小组的发现。来，其他小组。 T：他们画得很棒的。 S2：这里和这两边都是磁性强的，中间也是强的，是横向的线，而不是乱七八糟的。 T：噢，中间她们还发现了……你们预想的时候预想到了吗？ S2：没有，我们以为中间没有磁性。 T：嗯，中间她们本来没有预想到，现在看到了，很棒。
总结	T：刚才我们研究了条形磁铁和蹄形磁铁的磁场。从这两个实验中，我们发现了一些共同的地方，谁能用简单的话来概括一下。 S3：两极的磁场比较强。 S4：S极和N极中间间隔的地方磁性比较弱。 T：我发现今天我们的小朋友特别喜欢用"磁性"这个词，对，磁铁有磁性，但是怎么会产生这个磁性，是因为磁场。今天我们研究的是磁场。我们也发现了磁场是有强弱的（板书"磁场有强弱"）。那在我们生活中磁场会影响到很多东西，比如说手表啊，等等。 S：会。 T：今天课后请小朋友去收集这样的资料。看看使用磁铁的时候我们要注意什么？

课堂案例2："磁场"（小学四年级）第三轮实录（钱老师执教）

教学环节	对话实录
一、导入联系生活经验，引发学生思考手表是否可以和磁铁放在一起	T：钱老师给大家带来了三样东西，我们一起来看一看。一块磁铁、一本书、一块手表。（幻灯片逐一展示）这三样东西能够放在一起吗？ S（齐）：能、不能。 T：你来讲讲看。 S1：能。 T：能。你能讲讲你的理由吗？ S1：因为手表会和条形磁铁相吸。 T：你是说磁铁对手表有影响。 S2：手表会受到干扰。 S3：磁铁不会吸书本。 T：那么能这样放吗？ S4：会吸下面的手表。 S5：手表会停止转动的。
二、观察条形磁铁周围存在磁场，探究磁铁的周围存在着磁场	T：那么，这块手表到底能否放在磁铁周围呢？钱老师很想知道。不过要是真如这位小朋友所说的，这块手表要是坏掉了，那就不好了，唉，你能不能帮钱老师想个方法，用某一样东西代替这块手表来做一下研究呢？ S1：小铁珠。 S2：放另一块磁铁。 S3：铁钉。 S4：螺帽。 T：你呢？ S5：铁和钢。 T：铁和钢，你能说说为什么用铁和钢吗？ S6：因为他们都有磁性，磁性和磁性碰撞起来了可以吸住了 T：好，请坐。你们认为用一种磁性材料，是不是？钱老师给大家推荐一种非常细小的磁性材料——铁屑（装在塑料杯里的铁屑。塑料杯下打有细小的孔隙以便铁屑可以均匀撒出）来代替它，好吗？ S：（齐）可以。 T：材料我们有了，那么你准备怎样研究呢？小组里讨论一下。 ★设计实验方案，小组分组讨论活动，活动时间为2分钟 T：谁愿意把你们的方案和大家分享一下。 （教师请学生上讲台示范） S1：条形磁铁放在底下，铁屑撒在板上。 （教师请学生上讲台示范）

教学环节	对话实录
	S2：磁铁竖起来，撒在板上。 S3：用磁铁吸铁屑。 T：这样铁屑能去掉吗？ S3：敲一敲可以的。 T：哦。那请大家用你们组设计的方案，自己试一试。 ★观察磁铁对铁屑的影响，小组分组活动，活动时间为4分钟 T：好，你们有什么发现？ S1：铁屑会竖起来。 S2：铁屑会跟着磁铁走。 S3：离磁铁越近铁屑会竖起来，越远就不会竖起来。 S4：中间没有了，往旁边走了。 T：刚才大家看到的是磁铁各部分对铁屑的影响，那么铁屑在整条磁铁周围会是怎样的呢？我们继续来做实验。轻轻地敲5下。 ★学生开始分组实验活动，时间大约4分钟 （学生反复多次进行实验，从不同的侧面进行观察） T：哪组小朋友给大家介绍一下，你看到了哪些现象？ S：铁屑围在磁铁周围，像放鞭炮的图像。 S：就在周围，里面也有一点形状，像刺猬一样。 S：放射状的。 S：像声波一样。 S：铁屑竖起来了，大多数铁屑朝里，朝着磁铁的感觉。 S：铁屑像排队一样的，往里面旋的，像旋涡状的。 S：铁屑向四周扩散。 （在学生交流的过程中展示学生的实验效果图） T：同学们说得真好，铁屑撒在磁铁的周围，像旋涡状、像放鞭炮一样，我们感受到了磁铁周围似乎有什么东西会对铁屑产生影响。不过在磁铁周围的这个物质我们没有办法看到。那么大家觉得这个物质是什么呢？ S1：磁性。 S2：磁场。 T：哦，你们的知识真丰富。确实磁铁周围存在着一个我们无法用肉眼看到的物质，它就叫做"磁场"。虽然我们没办法用肉眼看到，今天我们从这样一个实验中发现，它能够影响什么物质啊？ S：磁性物质。 T：对，磁性物质。

教学环节	对话实录
	T：我们再来看这边（指远离磁场的铁屑），这边（靠近磁铁两极的铁屑）这里你们比较一下有什么不同？ S：这里的变化明显，那边散落的一点点还是撒上去的样子。 T：看来磁场是？ S：磁场是不一样的。 T：真棒，确实磁铁周围存在着磁场，它可以影响磁性材料。而且离磁铁越近，磁场就越大越强，离它越远，磁场就越弱。 T：现在我们再来看一看，你觉得磁铁可不可以和手表放在一起？ S：不可以。 T：谁能解释一下？ S：因为手表和磁铁要是放在一起的话，手表里面铁的东西会转移它自己的位置，转移的话手表就会不运作了。 T：它为什么会转移它的位置呢？ S：因为磁铁的附近有磁场。 T：嗯，因为磁铁的周围有磁场，所以它会转移位置，是不是真的像你们说的那样，我们眼见为实。 （教师用一块废弃的手表实验，果然如学生所说，靠很近的时候，指针不动了）
三、通过迁移、预想、观察蹄形磁铁周围的现象，进一步体验与感受磁场的存在	T：条形磁铁周围存在着磁场，你觉得蹄形磁铁周围是否有磁场呢？ S1：它和条形磁铁一样。 S2：形状不一样，磁场不一样。 T：好，那就试试把你们的猜想画下来。 ★预想，学生分组活动约4分钟。 T：哪组小朋友给大家展示一下，你所预想的？ T：我先问你一个问题，我发现你这个磁铁周围都画了铁屑，你为什么要都画呢？ S：磁铁周围都有磁场，这里的磁性比较强。 T：蹄形磁铁周围的磁场到底是怎样的。我们就来试一试，请把实验的结果记录下来。 ★验证猜想。学生分组活动约5分钟 T：有什么新的发现？ 　　学生上台介绍：蹄形磁铁下面一端的铁屑也会被上面两端吸过来的。 T：这说明蹄形磁铁周围都有…… S：磁场。 T：这边他们画了好多好多，这是你们成功的地方，为什么你们画了这么多？

教学环节	对话实录
	S：蹄形磁铁这边比较强，所以我们想它会吸很多铁屑。 T：确实，从这个实验中，我们同样也发现，蹄形磁铁周围也有磁场，而且离磁铁越近，磁场就越大越强，离它越远，磁场就越弱。
四、解释一些与磁场相关的现象	T：钱老师这边有盒磁带，磁带中是由磁性材料记录的大家刚才背诵的诗歌，我们来听一听。 T：这都是我们刚才朗诵的。现在我把这个磁带靠近这块磁铁，你们觉得会出现一个什么样的现象呢？ S1：声音会倒过来。 S2：会发出"嗞……"的声音。 S3：会发出清脆的声音。 （教师演示播放磁带） T：声音怎么样啦？ S（齐）：断断续续的。 T：为什么是断断续续的？ S：磁带中有磁性材料，磁铁的磁场影响了磁带中的磁性物质。 T：你能使它的声音全部消失吗？ S（男）：几块磁铁一起吸住，靠近它，摩一摩。 （此男生上前用磁铁在磁带的前后位置靠近了反复摩擦，教师再次播放磁带，演示结果磁带声音果然消失了） T：声音的确没有了，你怎么会想到的？ S（男）：磁力越大，磁场越强，没有了。 T：磁场会对磁带产生影响，所以要远离它。生活中还有哪些东西也会受到磁场的影响？ S1电视机、计算机的屏幕。 T：你说显示器是吗，如果把这块磁铁靠近这个显示器会怎么样呢？ S1：会坏的，显示器的屏幕会变颜色的。 T：真的是这样的吗？我来试试。（教师演示，显示屏真的变色了） T：可以靠近它吗？ S（齐）：不能！ T：这个小朋友非常好，他的生活经验非常足。 T：那还有什么办法恢复过来吗？计算机显示器有个消磁功能。我们来看一下。 （教师演示消磁效果） T：回去能试吗？ S（齐）：不可以！ T：在生活中，你还知道磁场对哪些生活物品有影响的呢？ S2：使用计算机是有辐射的，对我们的身体有伤害。

教学环节	对话实录
	T：这是一个生活小知识。 S3：指南针会被吸过去坏掉。 S4：不能和手机放一起。 T：放一起会怎么样？ S4：手机会坏掉。 T：生活中很多物品都不能和磁铁放在一起，如果它是由磁性物质做的。磁铁会损坏我们生活中的一些物品，不过我们同样可以用磁铁周围的磁场来制造一些东西。关于这方面的内容，我希望大家能够回去查找一些这方面的资料，等下节课我们一起来交流。

第六章 科学课上怎样使用任务单

前面的话

■任务单是公开课的专利吗
■任务单使用中的几个误区
■任务单是支持学习的脚手架
■研究准备：确定内容与成员

第一次实践：任务单有了，为什么学生反而无从下手

评述与分析（一）

■任务单设计的意图
■任务单使用后学生的收获
■授课教师的感受
■如何让任务单服务于学生的学习

第二次实践：任务单优化后，学生的思维水平是否提高了

评述与分析（二）

■"为谁学"还是"学为谁"
■任务单如何实现对科学本质的探究
■任务单促进学生高层次思维
■可进一步研究的问题

附：课堂案例实录

前面的话

■任务单是公开课的专利吗

科学课堂上，教师采用任务单作为线索来组织教学，似乎已是一个比较普遍的做法。任务单犹如是人在一个陌生的环境中寻找目的地的指路牌。一份设计良好的任务单，能够帮助学生建构和完善知识结构，能够让学生对学习的目标和内容了然于心，能够让学生的学习更主动、积极。一开始，很多教师觉得任务单是一种新颖的课堂教学形式，能够让学生在课堂上的注意力更集中，是为任务单而任务单。经过初级阶段的模仿、学习、实践与研究，学习任务单的设计与使用已经进入一个理性阶段，即因"课"制宜地设计，使其用途灵活多样。

那任务单在课堂中的使用现状到底如何呢？一个偶然的机会，让我对某县进行了调查。通过对该县 12 所中学的 87 名科学教师的问卷调查，结果发现，常态课中，经常使用任务单的教师占了 5％，偶尔使用的占 75％；公开课中，经常使用任务单的教师占 70％，偶尔使用的占 30％。

我们不禁要问：任务单，难道就是公开课的专利吗？为什么平时课中，教师不选择使用任务单呢？深入下去，我们发现了几个值得思考的问题。

■任务单使用中的几个误区

现象一：任务单 ＝ 记录单

对比过去，今天教师越来越关注对学生自主学习的培养，这无疑是一种进步。事实上，许许多多的科学教师都在努力实践着这一新的理念：如何少教而多学。为了凸显学生的主体性和探究的自主性，教师在课堂教学中会使用任务单。下面是一种任务单的格式。

任务单

小组长：_____　　　记录员：_____　　　发言人：_____

活动一：寻求能够说明大气压强存在的方法。（时间：15分钟）

1. 选用器材：_____
2. 设计实验，进行实验：_____

当我们仔细分析这份任务单时，发现任务单中的所有选项，都可以在书本上寻找到现成的答案。所谓的任务单，只是教师按照自己的预设提出一个问题，让学生提出猜想，然后就让几个学生围在一起利用教师提供的器材设计实验，记录实验方案。我们要问，这对学生有挑战吗？学生是热闹的，但是对促成学生高层面的思维有多大的价值呢？

现象二："跟我学，跟我做"

由于有了精心的准备和多次试教，上公开课的教师对于课堂教学的预设可谓滴水不漏。对课堂活动中可能出现的问题，课前一一展开讨论，各个击破，力求课堂中能顺顺当当，不出纰漏。在此基础上设计的任务单模式如下。

学生活动任务单

一、临时装片制作的步骤
洋葱表皮临时装片制作的步骤

滴　在洁净的载玻片中央滴一滴清水。
取展　用解剖刀从洋葱内表皮上切一块边长约为0.5厘米的小方块，用镊子撕下一块内表皮后，将其放在载玻片上的清水中，用解剖针展平。
盖　用镊子取盖玻片，将它一侧先接触载玻片上清水一端，盖玻片缓缓放下。
染吸　在盖玻片一侧加1~2滴红墨水，在另一侧用吸水纸吸。

二、画出观察的结果
（洋葱表皮细胞图）　　　（人体口腔上皮细胞图）
三、在上图中标出各部分的名称
四、比较两者的异同点（填有/没有）

	植物细胞	动物细胞
细胞壁		
细胞膜/质		
细胞核		
叶绿体		
液泡		

根据表格中的内容归纳：
相同点：_____
不同点：_____

这样的教学过程看似井然有序、安静高效，其实学生只是在机械地执行一个严密的计划，教师步步为营的预设，让学生"跟我学，跟我做"，使科学探究这种挑战性的活动成了毫无悬念的过程。

现象三：为任务而任务单

这是一份有关浮力存在的一个探究任务单，看似很周到，让学生从四个方面进行评价，然而要填写的只有"好"与"不好"，毫无意义。因为就结论来说，根本没有什么好与不好，而且好与不好不能反映学习深层次方面的问题，不能反映学生收获了什么。其次，要评价的项目没有梯度，甚至书写也作为评价栏目。换言之，看似一张让学生相互评价的作业单，但实质毫无内容。

这样的任务单有必要吗？

评价内容	设　计	操　作	结　论	书　写
"好"或"不好"				

现象四：下课后任务单"束之高阁"

任务单一般是在上课时间使用的，一旦课堂不能进行及时的反馈。任务单就被丢弃在一边，束之高阁了。一些开放性的探究实验本来就没有固定模式和答案，需要合作学习之后教师引导，任它躺在课桌里"哭泣"，就会丧失很多教学资源。这也让我们思考：那种任务单需要吗？

现象五：以教师为中心的实验记录单设计

每当我在课堂中，看到执教教师解释和示范任务的使用方法与记录注意事项的时候，我就在想：这样的任务单是学生探究活动所真正需要的吗？任务单体现的是学生自己的意愿吗？他们知道为什么要这样设计吗？显然答案是否定的。

■任务单是支持学习的脚手架

1. 任务单是实现师生思维水平共同发展的一个有效途径

作为科学活动的一个环节，任务单是学生科学活动的过程及结果的书面呈现，清晰地体现着学生科学学习活动的成长足迹。因此，它的独特价值不在于展示，而在于意义生成。也就是说，记录的最终目的不是为了呈现某些信息，也不是为了归档供日后查阅，而是为了解释性理解，为了提出新的问题，促进学生思维水平的发展。

如果教师没有充分认识到这一独特价值，其结果必然是对学生的记录只停留在展示阶段或是对记录的漠视——不展示、不交流、不评价、不批阅，甚至随意丢弃。这样的记录是毫无意义可言的，它只是一场"秀"，为"秀"而作，看似热闹，但流于形式，其真正的价值和功能无从体现。这必然使新课程标准中"教师对学生在科学学习活动中的表现给予充分的理解和尊重，并使教学行为对学生产生积极的影响"的要求无法落到实处，最终使"以学生为本"的教育理念成为一句空话。

2. 任务单是提高学生自身见识和思维水平的一个载体

学生在任务单完成的过程中经历集体讨论和独立思考两个阶段，有认知的冲突和心灵的震撼。在填写任务单时，除了忠实地记录研究事实外，还需要把实践操作过程中得到的信息加以"内化"，即对观察到的科学现象进行重新整理，在意识中进行澄清和思考，将零散的知识、经验不断整合和系统化，并在一次次的记录对比中调整自己的认识，逐步实现科学知识的自我建构，为最终形成科学概念奠定基础。

3. 任务单是搭建师生情感的桥梁

教师对学生任务单的认真解读，不仅是对学生为了完成探究目标而进行努力的肯定，更是对学生劳动成果的尊重。当我们尊重学生的劳动成果时，这个成果也会成为教育的资源。因为学生对教师的态度是十分敏感的，如果教师对他们的付出作出积极回应，他们就能感受到教师对他们的自主建构活动的关注和支持，体验到成功的快乐，激发起乐学的情感，从而更积极主动地投入到科学探究中去。

4. 为教师反思提供素材，进而教学相长

由于任务单以书面形式再现了学生科学实践的过程，使其提供的信息可超越时空限制变得"可视化"，这为教师打开了一扇可透视学生学习的窗户，搭建了一个来回于理论与实践之间的平台，让教师在"做"与"回应"之间建立了联系，使教师对学生的理解不仅仅停留在课堂中的交流评价上，还可在课后回望学生走过的轨迹，通过对"记录"做进一步解读，更客观地了解并理解学生研究活动的进程和学生的研究能力，当前思维所处的水平，对知识理解程度。例如，他们的观察是否全面，实验是否正确，测量是否准确；搜集、整理信息，进行合理解释的能力怎么样；学生参与科学学习活动是否主动积极、是否持之以恒、是否实事求是、是否尊重事实等。帮助教师整合和丰富自己的经验，获取处理复杂的、不确定的具体教学情境的知识和能力，构建新的教学理念与策略。从而向学生提出更高的要求，使学生的思维不断拓展。

■研究准备：确定内容与成员

任务单使用需要选择一个需要任务驱动的载体进行研究，结合进度我们选择了浙教版《科学（八年级）》第二章第三节"大气压的存在"第一课时进行了研究。

该节课是学生学习了固体压强、液体压强等知识基础上的知识深化和扩展，是对压强知识的进一步理解和运用。本节课的重点是说明有大气压存在的实验现象和生活现象，用大气压解释有关现象，并感受大气压的大小，通过实验建立求大气压大小的方法。难点是通过实验建立求大气压大小的方法。选择这节作为研究的主要目的是让学生从生活现象中走向科学，明白科学知识来源于生活又可作用于生活。使学生的原有思维水平通过我们的研究得到提高。学生在本节课的学习中思维上最大的障碍是看到过大气压的现象，但无法利用科学知识进行解释，表述不清晰，以及对大气压的大小到底有多大存有质疑，运用原有知识及桌上仪器进行大气压大小测定有一定挑战。

我们学校学生程度中等偏上，中等生所占比例较大。在初一下学期的抽测成绩中，A级率只占到5%，而正常要求A级率为15%；D级、E级率达到了60%多，而正常要求D级、E级率为25%。可见班级中尖子生较少，而中等生占比例很大，中等生中大多是基础知识掌握很好，但面对深层次的问题不愿思考，或不善于思考。基于这种现状，培养学生的高层次思维是非常重要的，我组经研究想通过以下策略来提高学生的思维水平。

小组成员进行明确的分工；教师要精心推敲记录的内容和记录方式；任务单填写要体现教学重点；记录方式可多样，记录语言要简练；学会筛选，有选择地记录；控制材料的有序发放，以减少对学生的干扰；及时评价，把任务单填写作为学生评价的一部分。

第一次实践：任务单有了，为什么学生反而无从下手

本节课的引入叫做"神奇的纱布"。教师展示一块纱布，问学生能不能装住水，学生都说不能。然后教师把纱布张在一只瓶口朝上的玻璃瓶口，然后往纱布上灌水，水轻易渗入瓶中，待装满瓶后，让学生见证神奇时刻。当教师把瓶身倒过来之后，学生惊奇地发现瓶里的水竟然一滴未漏，顿时响起一片掌声，激发了学生对大气压探究的兴趣。

全班学生4人一小组，分为12个小组，任务单课前已分发好。

【课前分工】 由于是初二学生，对于科学探究小组合作不陌生，学生一拿到任务单根据提示就开始分工，并把姓名填在工作单上。其中组内角色包括：组长（负责控制节奏、管理纪律、分派工作），记录员（填写工作单、记录主要发言），发言人（负责观察和监督实验过程、口述协助书记员记录）。

整节课，授课教师有层次地安排了三次小组活动：探究能证明大气压强存在的方法，大气压有没有方向，大气压的大小。三次活动都利用任务单进行推进。

【活动一】 探究证明大气压强存在的方法

教师充分利用导入课中"神奇纱布"的影响，让学生根据任务单行动。任务单提示使用仪器：吸盘、胶头滴管、矿泉水瓶、水槽（装有水）、温水、纸片、玻璃板、钩码、细线。

任务单（一）

小组长：_____ 记录员：_____ 发言人：_____

器材：吸盘、胶头滴管、矿泉水瓶、水槽（装有水）、温水、纸片、玻璃板、钩码、细线。

探究一：探究能证明大气压强存在的方法。（有时间的小组可以完成方案二）

方案一：
1. 选用器材_____
2. 设计实验_____
_____
3. 进行实验 _____
4. 表达交流 _____
（时间：8分钟）

方案二：
1. 选用器材_____
2. 设计实验_____
_____
3. 进行实验 _____
4. 表达交流 _____
（时间：8分钟）

请你认真阅读上面的方案并作出合理的评价。

评价方面	设计合理	操作简单	书写态度好
"是"或"不"			

课堂上，学生迫不及待地仿照教师的实验，利用纸片和矿泉水瓶，将矿泉水瓶灌满水，把纸片盖在上面，当倒过来时水全部洒在桌面上，失败了。学生不甘心，再试，又败。教师喊暂停时，学生还跃跃欲试。

教师请学生自我评价，设计是否合理、操作是否合理，书写是否端正。学生只是跟着教师的指令走，并没有认真地将方案与评价内容相呼应。

【活动二】大气压有没有方向？要求学生建立猜想和设计实验方案及验证假设。同样还是那张纸，一样的器材。

任务单（二）	
提出问题	大气压强有没有方向？
建立猜想与假设	1. 大气压强＿＿＿＿＿＿（"有"或"没有"）方向。
设计方案，进行实验	
解释现象	发言人准备

对该节的自我评价。

	非常满意	满　意	如果有时间，方案会更好
请打"√"			

我观察的这组选择了吸盘和弹簧秤，一个学生拿起吸盘吸在桌子上，用弹簧秤各个方向去拉吸盘拉不起，随即叫记录员写下，大气压有方向。我问"应该研究大气压对谁作用"，一个学生说吸盘，我追问"哪个面受到大气压"，学生好像意识到自己错了，很不好意思。我问发言人"你们组为什么用吸盘来验证"，他说其他的都用过，只有这个没用。

接下来教师又是演示，又是组织学生小组相互评价，并请各小组代表重新演示他们设计的实验。由于时间紧促，接近下课，教师匆忙小结，点出本节课学习了大气压的存在和方向。任务单（三）没有用上。

评述与分析（一）

■任务单设计的意图

任务单是课堂教学的一种辅助手段，课堂教学中使用学习任务单可以充分体现学生的"自主学习"与"任务驱动"教学，有利于提高课堂实效。考虑到学生的水平参差不齐，因此任务单在设计上要降低要求，为学生提供器材，让他们自己选择，并给予较多的提示。

基于丰富任务单评价方式的考虑。采用师生评价、生生评价、小组评价、组组评价等多种评价方式，使学生更积极主动地参与到课堂学习以及活动中去，在合作与交流中提高。

基于培养学生实验设计的能力考虑。通过任务单引导学生从自然现象中提出科学问题，大胆进行猜想与假设，培养学生进行科学探究的意识，从而提高学生的科学素养。

■任务单使用后学生的收获

为了解任务单在课堂教学中使用后的有效性，我们课后对学生进行了访谈，同时运用了前测和后测来看课堂的效果。

A. 学生访谈

采访者：你觉得通过今天的学习，有哪些收获？

学生甲：知道了生活中许多现象跟大气压有关，大气压还有方向，很有趣！它跟我们的生活联系很密切。

学生乙：今天学会了一种通过实验来得出科学结论的方法，可以从实验现象探究科学的规律，我想我以后会用类似的方法去研究我感兴趣的问题。

采访者：以前老师用过任务单吗？你觉得今天任务单对你的学习有帮助吗？

学生丙：偶尔用过，不过很少用。任务单有助于我更好地参与实验，并让我对整个实验过程有一个清晰的认识。

学生丁：不过好像仪器给的太多，自己无从下手，不知道要做些什么，一些结论都是老师说的，还是有点怀疑。

B. 前后测评析

前测题主要考查了学生学习大气压的前置知识以及对待科学的态度，了解到学生的基础知识掌握得不够扎实，尤其是受力分析及计算的能力还欠缺。

如前测题：小明重为600牛，每只脚接触地面的面积为0.02平方米。

当他站在地面上时，脚对地面的压强为多少帕斯卡？（列出计算公式）

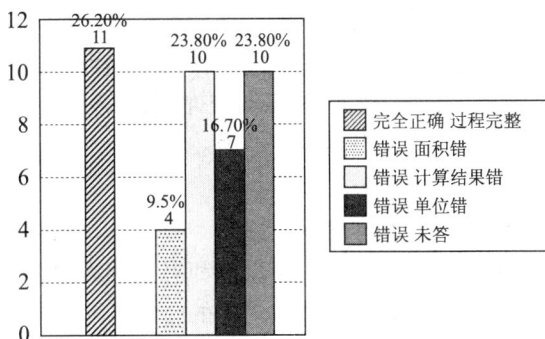

图6－1　压强公式运用情况

另外还发现学生对待科学缺乏一种勇于探索的精神。而在后测主要考查了新授知识以及任务单的使用情况。通过后测发现任务单的使用对于知识的巩固还是有一定作用的，但由于任务单的设计有缺陷，导致思维能力的提高受到制约。

后测由于授课教师内容未按计划授完，部分内容未能反映出学习的效果，在下次课中应该对任务单重新设计，分清主次，要注重对学生思维能力方面的检测，要有针对性地设计第二次的前测和后测题。

■授课教师的感受

采访者：你在实际授课时，设计了关于大气压大小的内容吗？

执教者：设计了，主要包括大气压存在的验证、大气压的方向以及大气压的大小，包括马德堡半球等内容，但是时间来不及。

采访者：为什么时间来不及？这节课教学内容知识量还是比较少的。

执教者：因为之前我们考虑课例研究的主题是"任务单在科学课堂中的有效性研究"，因此要凸显任务单在课堂中的运用，从而忽视了知识内容的结构性。但一堂课上下来之后发现，任务单在课堂中的有效性并没有得到很好的体现，只是为了完成任务而使用，对于知识巩固的有效性、参与的有效性及思维能力提高的有效性等方面的落实关注不够。使得任务单的使用流于形式，仍没摆脱传统的教学模式，没有取得预想中的效果。

总体来说，新课引入效果还是不错的，激发了学生学习的兴趣，为新课的学习做了很好的铺垫。在教学过程中，教师组织学生进行了小组合作与交流，准备了许多实验器材，学生参与度也比较高。但是，我们感到热闹背后，缺少对科学本质回归、学科知识落实的关注。总体感受是，课堂好像只为这一任务单服务了。另外，任务单的设计似乎也还存在许多问题，几乎没有对学生思维能力提高方面的设计，因此偏离了"任务单在科学课堂中的有效性研究"的主题。并且，教学内容未按计划授完，知识的结构被破坏，不利于学生整体把握知识以及提高思维能力。

■如何让任务单服务于学生的学习

对授课教师的课堂内容安排的设计感到不够满意，内容还需丰富些，另外任务单设计上缺少对学生参与、知识巩固和思维能力提高等方面有效性的关注。教学时教师还是以讲问答为主，学生的合作学习重形式而轻实效，另外对于任务单的填写及评价缺乏有效的指导。教学中存在以下几个问题。

①虽然小组有分工，但课堂观察发现，分工仍然不明确造成合作学习效果不佳，需要教师特别强调。

②教师让学生利用桌上器材探究任务单上的实验时，没有强调先设计实验方案后实验，造成绝大多数小组不是先进行交流、讨论，而是直接利用桌上器材进行动手操作。

③在完成任务单过程中重复同样的实验，造成课堂效率低下，比如覆杯实验做过多次，并且多次失败，实验准备不充分。

④在完成任务单之后，进行了小组之间的评价，但只进行了简短的交流，比如只是让相邻组从设计合理、操作简单、书写态度好三个方面分别评价"是"与"不是"，另外只让两三名较优秀的学生作出回答。

⑤对学生的回答没能及时评价，显得准备不足。对于实验过程中的一些现象，教师没有给学生留出思考的时间，而是代劳进行分析，不利于学生科学知识的运用和思维能力的提高。

⑥授课内容容量太小，有些实验教师演示即可，学生活动太多，对于知识落实以及思维能力的提高效果不大。

经过课例组教师与授课教师讨论之后，对教学过程中的任务单内容以及任务单的运用阶段进行了重新设计。

①改部分学生活动为教师演示实验，另外证明大气压存在实验改为体验活动，不单独设置任务单，增加大气压的大小内容，任务单内容主要是探究测量大气压的方法。

②在任务单使用过程中，留出相应的时间让学生进行交流，并且强调先进行实验方案的设计，然后根据方案进行实验。

③对小组合作学习进行评价，不仅要评价结果，而且要评价过程，对各小组的表现进行对比。

④尝试让学生对观察到的实验现象进行解释分析，发展学生的思维能力。

⑤引导学生回归科学本质，进一步巩固学科知识，并设法激发学生的兴趣。

第二次实践：任务单优化后，学生的思维水平是否提高了

第二次课依然采用"神奇的纱布"导入新课，在大气压的存在和大气压的方向环节不再用任务单。大气压的存在改为验证演示，学生目的明确，效果明显。大气压的方向由学生操作，教师从力学上引导，进行受力分析，科学性更强，更好地回归了科学本质。这样设计，时间缩短了，任务单（三）也得以实施。

探究：大气压的大小	
任务单（三）	
提出问题	如何测量此时教室内大气压的大小？
供选器材	吸盘、弹簧秤、刻度尺
设计实验方案	
进行实验	
评价	

师：那么我们就用吸盘、弹簧秤、刻度尺设计如何测量教室内此时的大气压。

教师提示学生按任务单的要求设计实验，而学生急于动手用弹簧拉吸在桌面的吸盘，教师再次提示学生只设计不实验。（学生思考7分钟）

几分钟小组讨论设计后，教师用多媒体展示几个小组的设计方案。

其中一组填写内容任务单如下。

---

1. 先将吸盘吸在光滑的桌面上。
2. 用弹簧秤钩住吸盘，测出吸盘刚好被拉起时所受的力。
3. 再算出吸盘的表面积。
4. 最后用公式 $P=F/S$，求出大气压强。

师：哪个小组来评价一下？这个方案可不可行？

生：方案可行，这是我们刚刚学习的压强公式的运用，可以用配合法测出直径，算出受力面积，拉力等于大气对吸盘的压力，最后利用 $P = F/S$ 算出大气压。

师：方案可行，但其中造成误差的因素有哪些？有什么办法减少误差？

小组开始讨论。小组讨论后，学生在提出方案的基础上，还能指出误差存在于力的测量上。

生1：吸盘应该足够轻。

生2：吸盘中的空气要排净，将吸盘沾上水再挤压到玻璃板上能将空气排得更彻底而减小因不是真空造成测量值偏小。

生3：拉吸盘的时候应该要缓慢。

评述与分析（二）

经过四天的课例研究，我们发现精心设计实验，让学生通过亲自参加实验获得知识是中学科学教学的关键，实验设计的好坏直接关系到教学的成功与失败，而任务单对实验探究进行的顺利程度及学生学习获得能力影响更大。通过两次课例组讨论修改，我们发现第二次授课在许多方面有所突破。

■ "为谁学" 还是 "学为谁"

两次课，"任务单" 的功能发生了很大的变化。第一次课看似开放，反而使得学生无从下手。给予过多，缺乏目的性，课堂完全是为任务单服务，这使得整堂课进程受到牵制。第二次课，虽然只有一个任务单，但注重培养学生的能力，也更体现科学本质。我们来看看学生怎么说。

采访者：你觉得通过今天的学习，有哪些收获？

学生甲：知道了大气压与我们的生活息息相关，大气压存在而且很大，而且还有方向，开始的纱布实验真是太神奇了，跟变魔术一样。

学生乙：我知道得到结论的方法很多，测大气压的值可以用液体压强公式，也可以固体压强公式，我想这就是知识的连贯性吧。

采访者：以前老师用过任务单吗？你觉得今天任务单对你的学习有帮助吗？

学生丙：偶尔用过，不过很少用。不是任务单上的供选器材吸盘、弹簧秤、刻度尺，或许我想不到 $P = F/S$ 的方法来测大气压。

学生丁：要求我们写步骤有点不适应，但是写出来后发现思路更加清晰了，而且随后的评价让我也知道了我们在实验中可能出现的问题，反而提醒我实验造成的误差，不错，收获蛮大的。

两次学生访谈，问题一样，但回答完全不同。第一次课，学生的体验只是停留在表面，任务单只是让学生按部就班去做。而第二次课，任务单发挥了不可替代的作用。这个环节必不可少。如果这个环节由教师讲，学生是无法切实感受的，更不能从中发现问题、分析原因，事实上，在学生设计和操做过程中，生成了许多不可预知的资源。

■任务单如何实现对科学本质的探究

第一次课，学生任务单上主要设计了"探究大气压的存在和方向"活动，缺少梯度。后经大家讨论，认为大气压作为一个力学知识，应注重力学知识的本质。力学的本质是从力的大小、方向、作用点三要素出发来研究，因此也应从大小、方向、作用点三个基本知识点上学习大气压产生的压力。第二次课上，教师将活动改为"验证大气压的存在"并且各个方向都存在；增加了"探究大气压大小"的方法。这样的设计，更符合学生的认知规律，有利于学生"全面考虑问题"这一思维的培养，使得任务单在教学中的作用发生质的飞跃。我们听听设计组的教师怎么说。

采访者：你在第一节课设计上基于什么考虑？

何老师：我们的研究课题是"任务单在科学课堂中的有效性"，我们就想体现任务单的重要性。结果任务单上设计了：要记录实验，要评价；且在每个环节都安排了任务单……但这些没有考虑学生是否需要，是否促进他们思维的提升。结果证明：对于一些验证实验，学生心中早就有了答案，显然任务单是多此一举。

采访者：应该说在第一节课任务单还是起到了一定的作用，只是太多提示反而失去意义，那么你们是如何改进的呢？

张老师：是的，第二次课我们省去了许多任务单。第二次课只有一个任务单，这样课堂结构没有被破坏，基本流程可以完成，而且结构层次分明，有一定的梯度，不同的学生在这节课中都有收益。

采访者：张老师，你作为授课教师，任务单的改变对你授课有何影响？

张老师：其实第一节课我上得很别扭，那么多任务单，好像在完成作业，方方面面都要顾及，学生完全被牵着鼻子走。学生缺少了主动性。第二节大家也看到了，任务单只是促进课堂有效，不是替代所有环节，学生一下子活起来，我在上课时目的性也相当明确，重点难点得到落实，这样的任务单才算真正的有效。

针对这两节课，我们在课后对学生进行了测试。结果如下。

【后测题一】 小明所设计的"估测大气压的值"的实验方案如下：

①把注射器的活塞推至注射器筒的底端，然后用一个橡皮帽封住注射器的小孔；

②如图6-2所示，用细尼龙绳拴住注射器活塞的颈部，使绳的另一端与固定在墙上的弹簧测力计的挂钩相连，然后水平向右慢慢地拉动注射器筒。

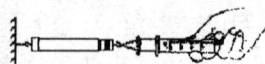

图6-2 实验示意图

当注射器中的活塞刚开始移动时，记下弹簧测力计的示数 F；

③观察并记录注射器筒上所标明的容积 V，用刻度尺测出注射器的全部刻度长度 L。

问题1：为什么拉动注射器时要慢慢拉动？

【统计结果】

第一次课：答"便于准确读数"23人，"使注射器受力均匀"21人，"减小误差"4人。

第二次课：答"便于准确读数"5人，"使注射器受力均匀"3人，"减小误差"40人。

问题2：根据以上实验方案，用测得和记录的物理量计算大气压强的表达式应为 $P = $＿＿＿＿＿＿＿＿＿。

【统计结果】

第一次课：答 $P = FL/V$ 4人，$P = \rho g h$ 20人，$P = FVL$ 1人，$P = F/S$ 23人。

第二次课：答 $P = FL/V$ 38人，答 $P = \rho g h$ 2人，$P = FVL$ 5人，$P = F/S$ 3人。

从数据看得出，学生通过使用任务单，迁移能力得到培养，从力学压强公式迁移到大气压大小计算和误差分析，这里也是学生容易出错的地方。通过设计，让学生自己发现问题并解决问题，可见任务单的明显作用。通过任务单，挖掘力学的共性，体现了科学的本质。

■任务单促进学生高层次思维

课例组教师与授课教师分析发现：第一次授课时，课堂完全为学生任务单服务，不但没有完全体现任务单的作用，而且影响到整堂课的知识结构的完整性。第二次授课时，教师将任务单在课堂中的地位进行了调整，将任务单融入课堂内容中，使任务单服务于课堂内容，实现任务单由课堂中的主导地位转向辅助地位。

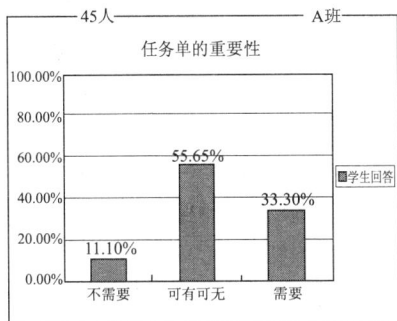

图 6-3 第一次课后对任务单的评价

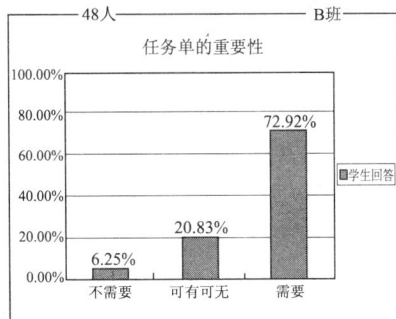

图 6-4 第二次课后对任务单的评价

（1）授课教师语言更精练了。两节课的实录对照，明显第二节课语言精练，原因是任务单任务明确，目的性强，教师无需啰唆的语言，更加提高授课效率。

（2）任务单上组员的安排更合理。第二次授课时，授课教师根据学生实际情况，在学生任务单上对每个学生都作了具体要求。具有较强组织和管理能力的学生担任组长；具有较强动手能力的学生担任操作员；善于文字表达的学生担任记录员；胆子大、善言辞的学生担任汇报员。通过合理分工，每个组员的积极性得到充分调动，他们开动思维，各述自己观点，发挥各自所长，相互合作，相互学习，以求共同发展。

（3）评价更多元化。第一次课评价的是验证性实验，任务单上要求学生评价好与不好、会与不会。这样的评价无法提升能力，甚至有些学生瞎猜结论，失去了评价的意义。第二次评价虽然有些像"找茬"，但更有思维的含量，学生通过合作，更加理解科学知识，更好地解决实际问题。

（4）更注重学生高层思维生成。第一次课前，我们对 A 班的 45 名学生进行前测（实际参加前测的学生 42 人）。"生活在大气中的我们是否也受到气体的压强呢？A. 有 B. 没有 C. 不知道"，结果学生对大气压的存在一致肯定，全部回答"有"，毫无悬念。同时，第一次上课后，我们对该班级的学生进行后测（实际参加后测的学生 45 人）："你是否会利用已学知识设计出估测大气压值大小的方法？A. 不能 B. 可能会 C. 能够"，结果如图6-5 所示。

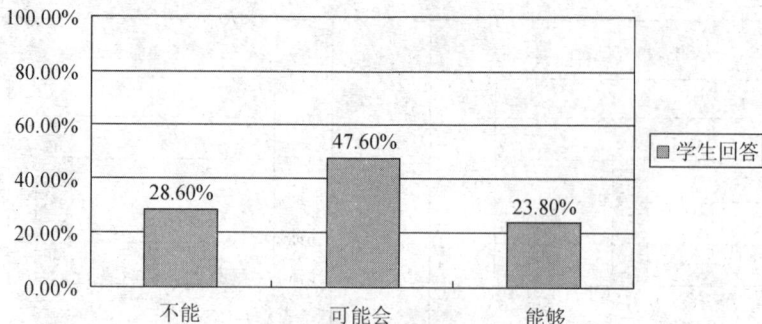

图6-5 第一次课后学生掌握估测大气压方法的情况

课例组教师通过对第一节课的课堂观察，并根据以上前测和后测的数据分析，得出：第一次课上，学生探究大气压的存在和方向时，通过现象归纳出结论，思维从感知到认知，但只停留在表层，没有进行充分挖掘。例如，课后多数学生还不能真正利用已学知识设计出估测大气压值大小的方法。

因此第二次课，任务单在设计探究大气压的大小时，注重利用学生已学的压强知识 $P = F/S$ 来让学生设计探究大气压大小的方法。学生通过公式自然考虑到：要测 P 必须先测出 F 和 S。利用给定的仪器直尺测出吸盘的直径计算出受力面积 S，利用弹簧秤测出拉力大小来反映大气压作用在吸盘上的压力 F。这样设计，能让学生利用已有知识去学习新知识、解决新问题。在小组合作设计方案时，引导学生向更高层思维挑战。例如，小组设计的方案会造成测量值偏大还是偏小，并分析测量值偏大还是偏小的原因。学生间、小组间积极讨论，充分开动脑筋，发表各自观点。如吸盘处不能保证绝对真空造成测量值偏小，弹簧秤读数存在误差造成测量值的误差等；甚至部分学生提出了减小误差的方法，如将吸盘沾上水再挤压到玻璃板上，能将空气排得更彻底。使学生的思维从认识知识、理解知识、应用知识，直至发展到完善知识思维层次，最终有利于学生高层次思维的生成。

用同样的问题"你是否会利用已学知识设计出估测大气压值大小的方法？"对上第二次课 B 班的 48 名学生进行后测（实际参加后测的学生 45人，AB 班为平行班），结果如图 6-6 所示。

通过 AB 班后测数据比较，可见 B 班学生应用知识解决科学问题的能力得到了一定程度的提高。

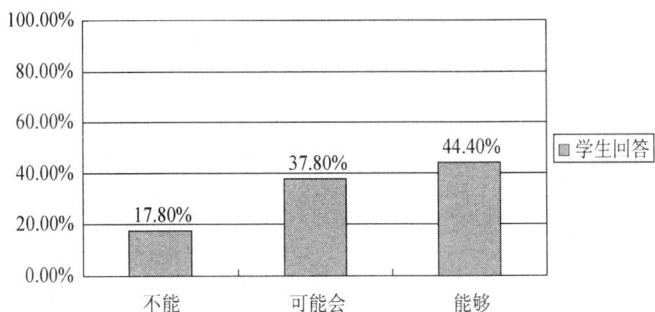

图6-6　第二次课后学生掌握估测大气压方法的情况

■可进一步研究的问题

经过此次课例研究，我们认为"任务单在课堂教学中的有效性研究"还可以进一步研究的问题有以下几点。

（1）在课堂教学中活动单什么时机呈现最佳；用什么样的方式呈现对学生来说才是最恰当的；呈现的时机和方式不同对学生的高层次思维的促进肯定效果是不同的。

（2）在课例研究过程中，学生完成活动单后的反馈形式比较单一。教师在教学过程中没有时间一一进行评价，组与组之间无法给予充足的时间相互交流，相互学习。在今后的研究过程中，我们还需进一步研究如何有效地评价学生的活动单。

（3）在课堂观察中，学生的参与程度是可以通过观察学生活动的研究组用数据加以分析，但参与的有效程度又如何得到体现呢？

（4）任务单除了对思维水平的促进，对学生的哪些品质有提升作用？

（5）高层次的思维还可从科学课堂的哪些方面加以培养？

附：课堂案例实录

"大气压的存在"（八年级）第一轮课实录（节选）

课堂环节	教学时间	教师语言	学生语言	学生活动	媒体板书
探究大气压的方向	5分40秒	大家再想一想大气压有没有方向？ 那现在由小组合作完成第二个探究，你用刚才的仪器去猜，你可以不做，只设计一个方案能证明大气压的方向。 现在开始。	不一定		

续表

课堂环节	教学时间	教师语言	学生语言	学生活动	媒体板书
		（教师巡视进行个别小组交流） 可以在刚才证明大气压的实验基础上说明，证明大气压的方向。 （小组学生交流） 好，若想到方案，迅速完成实验单，简单利用文字概述，大家想清楚，谁来发言？ 后面的小组，那么大家探究活动单下面有一个自我评价，现在请你对你们小组刚才的这个探究的设计做一个简单的评价，大家动作快。 有没有对自己小组非常满意的小组，请举手，好，这个小组。 你们很自信，请展示你们的方案。 奥！覆杯实验是吗？覆杯实验这样子证明大气压是向上的。然后呢？ 瓶子扁了说明大气压对瓶子有一个……四周吧！我这样摆向这边，这样摆向这边，还有吧！向下呢？ 奥，吸盘吸在底部大气压向下。	刚才我在上面做的那实验，那时候大气压方向是向上的。 瓶子扁了。 向内。 吸盘。 向上了。	四人小组展开讨论，并用桌上的仪器进行实验。 将方案进行记录。开始评价。 拿起吸盘动手演示。	

"大气压的存在"（八年级）第二轮课实录（节选）

课堂环节	教学时间	教师语言	学生语言	学生活动	媒体板书
学生探究设计计算大气压大小	35分50秒—40分30秒	完成设计方案。 哪组愿意展示一下。		小组讨论设计方案。 8组举手。	

课堂环节	教学时间	教师语言	学生语言	学生活动	媒体板书
		请第二组第四排的同学来展示一下。 这个方案可不可取？ 哪个小组来评价一下？可不可以？具体大家说，一般的设计，这部分测出吸盘刚好拉起的力 F，然后用刻度尺量出吸盘的半径或直径，算出吸盘的面积 S，最后利用 $P = F/S$ 算出大气压。 好！怎样减小实验带来的误差？	一学生上台投影展示： 1. 先将吸盘吸在光滑的桌面上。 2. 用弹簧秤钩住吸盘，测出吸盘刚好被拉起时所受的力。 3. 再算出吸盘的表面积。 4. 最后用公式 $P = F/S$，求大气压强。	看投影。	实物投影某一小组方案

第七章　多媒体在科学课中的介入

前面的话

■多媒体介入科学课的必要性

■多媒体介入科学课的优势和困惑分析

■几个供参考的观点

同课异"形"的选择

■教师多媒体使用现状的调查

■学生对多媒体教学认可现状的调查

■我们的研究方法

第一次实践：多媒体贯穿课堂的始终

第二次实践：回归传统，寻求突破

■新课引入环节对比

■重点突破环节对比

■例题讲解，练习巩固，小结环节对比

■感受：让教学手段有效交融，促进课堂实效

第三次实践：教学手段有机整合，提升课堂实效

评述与分析

■"为技术而技术"还是"为教学而技术"

■多媒体如何丰富科学课堂

■多媒体的介入应促成有效科学课堂的构建

　附：**师生调查问卷**

前面的话

■多媒体介入科学课的必要性

随着多媒体技术的发展，硬件设施的不断发展和完善，人们对多媒体辅助教学软件的开发呈现出空前的热情，许多教育主管部门、学校乃至教师都投入巨大的资金和精力，加入到这一队伍中来。尤其是多媒体技术已经渗入到许多教师的课堂中，成为教师教学的重要辅助手段之一。多媒体以其图文并茂、声像俱佳、动静皆宜的表现形式，极大地使整个教学过程变得简洁，实现了教育效果的一定优化。这些初步却明显的成效使得多媒体教学在教育领域中的应用，成为当前中小学课堂教学改革的热点和焦点之一。

然而，我们必须看到，随着多媒体使用的深度逐步延伸和广度逐渐拓展，关于多媒体介入对课堂的实效性影响的问题也被使用者和观望者提出并讨论。

对于科学课来说，多媒体的介入有何特别的意义，这是我们在这里要说明的，也是本章所讨论话题的缘由。

《全日制义务教育科学（7~9 年级）课程标准（实验稿)》指出：科学课程（7~9 年级）是一门综合性学科，它注重学生已有的经验，强调知识与获得知识过程的统一，同各分科课程相比，科学课程试图超越学科的界限，统筹设计，整体规划，强调各学科领域知识的相互渗透和联系整合。因而科学课程在内容的选择上涵盖了与自然科学密切相关的物理、化学、生物、天文、地理等方面的内容，并关注科学、技术与社会的关系，科学课程本身的特点决定了其教学过程中整合信息技术是必需的。主要理由有以下几点。

1. 抽象的科学概念与具体的科学现象的统一要求有丰富的材料。科学概念与科学原理是科学课程的重要内容，这些概念与原理是建立在丰富而具体的科学现象之上的。但是，我们生活中的事物是如此丰富复杂，我们，特别是学生不可能通过第一手的直接经验来接触所有事物，而初中生的思维方式正处于具象思维向抽象思维转变的重要时期，信息技术可以为科学课提供丰富的具象资源。

2. 科学技术让人类进入一个丰富多彩的世界，科学课程（7~9年级）标准中提到：信息技术、现代生物技术、新材料技术、新能源技术、航天技术等迅速地改变着世界的面貌，推动着社会的进步。另一方面，在科学技术与社会发展的同时，也产生了生态环境恶化、资源枯竭等一系列负面的问题，严重阻碍了社会的可持续发展。这些都对教育提出了严峻的挑战。因此探讨科学技术与人类社会发展的关系也成为科学课程的重要内容。

3. 传统的科学课程（物理、化学、生物等）是按照学科逻辑结构建立起来的线性体系，是以科学概念和科学定理为核心的，有些脱离现实生活和学生已有的经验，通常无法引起学生的兴趣。信息技术所具有的非线性特点可以打破这种线性体系，将科学课程的各个内容有机联系起来，并且使得相对封闭、僵化的课程结构走向开放。新的技术与方法的应用，也使科学课程的综合特性得到完美的体现。由此，信息技术与科学课程整合，是科学课程的内在需求，是由科学课程的特点和性质决定的，也是科学课程的组织与建构的需要。

■多媒体介入科学课的优势和困惑分析

前文阐述了在各种客观条件的影响下，多媒体手段介入初中科学课堂的必要性，但由于种种原因，现阶段多媒体辅助教学存在着诸如注重形式、过分依赖、拿来主义、无效堆积等问题，严重影响了其使用效果。

尽管如此，我们还是必须看到，与传统教学手段相比，多媒体课件辅助教学以声光影像的交替呈现而炫人耳目，从形式角度来看，优越性十分明显。在教学实践中，多媒体技术参与的课堂在某些教学环节上特色鲜明，其优点主要体现在以下几个方面。

1. 多媒体及多媒体课件能将一些抽象的知识点具体化形象化，帮助教师阐述和表达抽象的理论，呈现微观实验过程或现象，从而有利于学生接受和理解这些抽象的概念和原理。例如分子的运动等不可直接观察的科学现象，动画模拟可突破抽象思维的想象而转化为具象，使学生的认知更为轻松。

2. 使用多媒体，使得课堂知识的容量和密度大大增加。在科学图像题型和计算题型的新课讲授过程中，多媒体屏幕的呈现能节省教师作图、抄题的时间，而在复习课上使用多媒体投影，其课堂容量大的优势则更明显。

3. 重现教育信息方便，形声不受时空限制，表现手法多样。理科学习强调思维的发散，引导学生举一反三有时需要重现以往的知识点，与正在学习的内容联系起来并引申和展开，这时，选择多媒体教学无疑是更合适的。另外，教师可以对危险性大或者成功概率小的演示实验提前做好录像，对实验周期较长的生物观察实验跟踪拍摄，在课堂上通过多媒体展现给学生，突破时空限制，真实而客观。

4. 充分合理利用现代化教学媒体，能吸引学生注意力，激发其自主学习动机和求知兴趣。多媒体可以帮助教师很容易地把与教学内容相关的图片、视频、动画、声音等搬进课堂，创设图文并茂、动静结合的情境，增强教学的趣味性，提高学生的学习兴趣，加深其对所学内容的理解和掌握。

虽然多媒体介入科学课堂能为学生营造一个可调节自身视、听、读、写、做的创造性集成的学习情境，但是多年来，我们仍然只将多媒体定位为"辅助"教学手段，是因为其运用的实效性还受到诸多因素的制约。

1. 教师多媒体的应用理念差异。虽然大多数教师能接受和使用多媒体参与课堂，但是仍然有部分老教师更加相信粉笔和黑板的组合在知识和技能的传递过程中的有效性。还有部分教师接受多媒体的理由仅仅是因为使用多媒体可以避开粉笔尘埃的教学环境，并没有真正认识到其辅助教学的优势。正因为意识没有跟进，他们就会简单地把多媒体和课件画上等号，不对教学内容分析和甄别，制作出的过于简单的多媒体课件往往沦为"搬家的黑板"，没有了书写板书过程，虽然屏幕在一定程度上也能起到板书的作用，但是它具有不可避免的缺点。譬如，前面出现的重要内容被后续内容不断地切换掉，不能长时间有效保留。而有些重要知识点以及一些简图是有必要在整个科学课堂中长久保留的。如此一来，使用了多媒体教学的科学课堂就仍然和传统教学模式一样，只有视觉一元渠道传递信息，忽视了实物投影等其他多媒体手段在验证阶段性学习成果、学习信息及时反馈等方面的积极作用。还有些教师存在着这样一种思想，认为不用多媒体辅助教学就落后了，所以一有公开课就必然使用多媒体。但是使用的多媒体课件却只简单呈现书本中的一些现成资料和图片等，有些甚至只是将书本中的话搬到了屏幕上，多媒体此时成了"拷贝的课本"，课堂内容显得非常单薄。也有一些教师喜欢将自己的每一句提问和课堂上的每个细节都设计到课件中。或许他们觉得这样做，就不会在上课时因为紧张而错漏任何事先设计好的问题与环节。实际上，这样不但不能发挥多媒体课件应有的作用，反而会因为教师要不断地点击鼠标，活动范围被限制在讲台附近，不能深入到学生中去，使师生交流受到限制，影响到教学效果。同时，由于任何一个提问和细节以及它们的呈现顺序都是课前预设好的，在很大程度上制约了师生的思维活动，使课堂变得呆板，缺乏灵活性。

2. 教师的多媒体课件在制作上重形式而轻内容。一部分教师看重的是多媒体课件能呈现多元信息通道，不对教学内容做充分的分析和甄别，省去教学素材的梳理过程，一味追求形式上的效果，制作出的多媒体课件很花哨，重形式而轻内容。例如，有教师在上"力的存在"时，几乎每举到一个实例就有相应的课件展示。讲到跳高时就呈现跳高图片，讲到打篮球时就出示一段打篮球的视频，讲到游泳时又播放一段游泳的视频，在对力的相互作用展开分析时还播放了一长段导弹前进的电影片段。整堂课，学生在图片、声音和视频的交替中有点晕头转向，甚至无法明确本堂课的学习目标。不合时宜的声光影像的呈现严重分散了学生的注意力，不但达不到吸引学生利用课件提供的素材理解知识的目的，反而会造成知识传递受阻，直接影响学生对知识技能的接受掌握和应用。

3. 教师多媒体课件制作水平的差异。教师对多媒体技术的掌握运用的水平差异或选择素材的侧重不同都在很大程度上影响了多媒体课件的档次。如今网络上商业课件和非商业课件的资源逐渐丰富起来，然而网络提供的多媒体课件中能充分考虑学生知识储备和层次并能随着课堂发展适应性变化的很是缺乏。可是，许多教师只是将从网络上下载的课件资源简单拼合，导致课堂的信息量过大。诚然，多媒体课件的一个很大优势是将大容量的信息带入课堂，科学知识的建构也需要一定感性材料的支持，但是教师对素材的选择和取舍需要考虑学生的知识水平和接受能力，做到适可而止，否则不但不能做到开发学生的思维，反而会使学生的大脑因疲惫而处于停滞状态，或者学生只能顺着教师的预设被动地接受知识，没有足够的思考时间和理解的余地，多媒体提供的素材内涵不能被深刻挖掘，对科学课堂实效性形成干扰。

4. 学校多媒体硬件条件的差异。多媒体辅助教学推行已经多年，城镇中学多媒体设备普及状况较好，教师和学生接触多媒体的时间和实践机会远远高于农村中学。我们课例组成员都来自农村中学，三所学校的多媒体设备不仅装备条件很差，而且都优先考虑九年级，但是装备率仍只有50%左右，低年级的班级装备率甚至只有30%左右。这样一来，无论是教师还是学生，在对多媒体的认可度上都大打折扣。我们在后面的课例研究过程中，专门对此展开了问卷调查。

　　可见，多媒体辅助教学的优点明显，同时局限性也很突出。在目前硬件条件较差、教师对多媒体认识差距较大、学生知识储备不足的现状下，农村中学实行多媒体教学的实效性如何；是不是所有教学内容和教学环节都有利用多媒体参与教学的必要性；等等问题，我们持谨慎的怀疑态度。

　　■几个供参考的观点

　　多媒体辅助课堂教学是对传统课堂教学模式的一种补充和发展，运用多媒体课堂教学也是课堂教学发展的必然趋势。多媒体教学要以解决传统教学中难以解决或不能解决的问题为前提，以突出教学目标为宗旨，多媒体的选择是由教学内容和教学对象来定，要从教学过程最优化的高度去探究，要从实际出发，摒弃形式，切忌滥用，只有这样，才能有效地发挥多媒体的最佳功用，达到最佳的教学效果，提高学生的科学技能和素养。

　　1．要明确应用多媒体教学的目的和地位

　　多媒体只是教学的一种辅助手段，是为教学服务的。多媒体可以着重在优化教学情境的环节上发挥作用。建构主义学习理论强调创设尽可能真实的情境，因为真实的情境接近学生的生活体验，任务的真实性使学生能了解自己所要解决的问题，增强主人翁的责任感，任务本身的真实性也容易启发学生学习的内部动机。例如，我们可以利用录像在课前拍摄录像片段，在录像中隐藏着需要解决的问题，在引课时播放，创设真实情境。

　　2．要根据需要精选素材，切忌没有原则的拿来主义

　　在备课时，教师应该先研究教材和设计教案，然后根据自己的教学设计选取对自己教学有用的素材。而不可以将这个程序反过来，先去看收集到的各种课件，然后根据课件选择教学，这样做会使教师在没有吃透教材的情况下，作出错误的判断，影响自己的课堂教学思路，可能会导致课堂教学偏离重难点，导致课堂结构混乱和思路不清晰等问题的出现，这也是导致课堂上无效信息大量堆积的最大原因。

　　3．要注意把握容量，给学生留足思维空间

　　知识的建构是要建立在一定感性认识的基础上的，但是知识的理性升华毕竟需要冷静的思考，如果没有留出足够的思考时间，再多的信息也是无效的。提供的信息只要适宜就行，教师设计时要有效组织信息资源，努力去选择最具典型性的材料，然后给学生足够多的时间去思考和分析，将材料充分挖掘和利用，让课堂的重点、难点内容在适量的信息支持下，依靠学生的自

主分析与对信息的加工来达成教学任务。

4. 课件制作要追求实效性和灵活性

要避免过分追求界面的美观而将课件背景做得花哨，没有必要的声音不要用，五彩缤纷的色彩和嘈杂的声音，这些都是对学生注意力的一种干扰，影响课堂教学效率。

切忌将所有问题都设计在课件中。因为课堂是多变的，教学过程不会也不可能完全按照教师预设的程序下来，如果先将问题呈现在课件中，会带来一个很大的弊端，即不能很好地抓住课堂中的生成资源，教师的课堂教学会被课件严重地束缚住，课堂教学显得死板和生硬。

页面可以通过链接等形式使课件在上课时能灵活翻页、点击，不要设计得过死，也不要设计得过于复杂。

5. 要结合传统手段，发挥最佳效益

多媒体辅助教学有其突出的特点，传统教学手段也同样有其自身的长处。实际教学中应该根据实际需要合理使用，将传统教学手段的优点与现代化教学手段有机结合，相得益彰，发挥其最佳的效果。例如，板书能较完整地展示知识的生成过程，具有持久性、完整性、简便性等特点，所以有些内容必须板书呈现，不能用多媒体代替。模拟演示决不能代替学生实验和演示实验，只有那些现象难以观察或者没法在课堂上完成的实验才可以考虑借助多媒体教学来解决。

同课异"形"的选择

教育心理学的研究成果显示，影响学习的因素大致可分为内部因素和外部因素，外部因素中很突出的一点就是教学媒介。传统的教学模式以及新兴的多媒体教学手段对科学课堂实效性影响有多大？我们就此选择了多媒体参与辅助教学和传统教学手段的有效性差异对比，展开了课例研究。

我们课例研究选择的是《科学（九年级）》第五册第三章第二节"能量转化的量度"的第一课时。本堂课的内容在九年级《科学》的物理部分占有非常重要的地位，它把之前能量转化的定性分析过渡到了定量分析，对前一节课的能量转化进行进一步的深化和扩展，同时对后面的教学内容又有一个铺垫的作用，为后面将要学习到的简单机械、功率、动能和势能、电能的利用等内容奠定了重要的基础。

本节课的重点和难点是：①判断一个力是否做功；②运用功的公式进行简单计算。学生最难理解的是：判断一个力是否做功，是哪个力在做功。所以如何突破让学生理解力是否做功这一个难点，成为我们研究的关注点。

鉴于以上状况，我们决定以传统的"黑板＋讲演"、普遍流行的"多媒体教学"以及"黑板＋多媒体"结合的三种不同的教学方法完成本堂课的教学。我们称之为同课异"形"，即同一课堂内容通过不同教学途径实施开展。我们试图以这样的方式来解开对多媒体参与辅助教学和传统教学手段的有效性的疑惑，并获得一些其他启示。

■教师多媒体使用现状的调查

在进入课堂研究之前，我们先对该校教师对多媒体使用情况，进行了一次调查。该校于 2005 年底配置多媒体教室。（问卷见表 7－1）

表 7－1　教师使用多媒体情况

项　目	数　据		
	喜欢	不喜欢	无所谓
10 年教龄以下教师使用多媒体情况	67%	21%	12%
10～20 年教龄教师使用多媒体情况	53%	36%	11%
20 年以上教师使用多媒体情况	29%	64%	7%

从调查中我们可以得知，对于一所配置多媒体教室不到三成的农村中学来说，在教学中使用多媒体是一次教学理念的变革。多媒体课件的大容量和知识的系统性更受青年教师的青睐。

■学生对多媒体教学认可现状的调查

了解学生的起点，在学生的起点上组织教学，使学生在原有的知识基础上"跳一跳摘得果子"，促进学生进行有效的学习，让课堂教学恰到好处地进行。如果学生已有的知识解决不了新问题，必然会激起他们探求新知识的欲望，学生微妙的心理变化，在很大程度上有助于提高课堂教学的效率。与此同时，我们又对该校三个年级中部分班级的多媒体使用情况进行了问卷调查。（问卷见表 7－2）

表 7 - 2　不同班级使用多媒体情况

项　目 班　级	一　般	较喜欢	喜　欢	无所谓	其　他
A 班	10%	4%	86%		
B 班	7%	17%	65%	11%	
C 班	18%	21%	47%	12%	2%
D 班	29%	26%	45%		
E 班	11%	66%	23%		
F 班	44%	41%	15%		
G 班	11%	22%	67%		
H 班	14%	17%	69%		

　　分析以上数据可发现：由于多媒体的参与能够吸引学生的注意力，学生喜欢教师在课堂上使用多媒体，但科学实验也不容忽略。他们也不希望教师过度依赖多媒体，有些重点、难点还需教师放慢讲解节奏，充分利用黑板板书和演示，逐点逐字地分析。

　　■我们的研究方法

　　（1）上课学生的反馈：课堂突破难点时，通过观察学生是否在学习状态中，学生的反应，学生对知识的掌握程度，对知识的应用情况，课堂练习的反馈情况，以及学生在课堂中的活跃程度等对三节课进行分析对比。

　　（2）前后测：对三节课的难点突破部分设置相应的前后测题进行测试，对前后测的结果进行统计和分析、对比，试图看出教师在课堂中教学方式对学生科学知识能力提升的影响。

　　（3）学生访谈：对三节课的实施班级中学业成绩好、中等和有困难的三类学生抽样进行访谈并记录结果。主要包括多媒体教学和传统教学方法哪种方法对自己知识掌握更有利；对教师采用多媒体教学方法和传统教学方法以及两者相结合的不同教学方法的喜好、感想等进行访谈，获得相关的资料。

　　（4）教师访谈：对听课的教师进行访谈，让教师对这三节课谈谈自己的看法以及相关的建议。同时对其他教师平时多媒体教学的使用多少、使用以后的效果、教师自己的感受、是否对各个层次的学生掌握知识有帮助等进行访谈。

第一次实践：多媒体贯穿课堂的始终

本节课授课教师教学过程设计思路如下。

```
以视频和教材上两幅图片引入 → 功的概念的提出 → 课堂的情境练习
→ 功的公式的推出 → 功的例题的演练 → 课后巩固练习
```

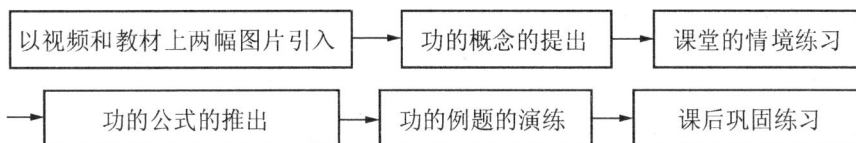

以上6个部分，共引用22张幻灯片。

实录一：导入——"初尝甜头"

环节	时间	教师语言	学生语言	学生活动	媒体板书
导入环节	3分	师：同学们好！ 师：请坐，同学们，2008年我国有两件举世瞩目的喜事，你知道是哪两件吗？我们看视频。 师：好，刚才我们看到了"神七"成功上天的视频。你是否知道能量是怎样转化的？举重运动员能量又是怎样转化的？……	老师好！ 生：奥运会，"神七"上天！ 化学能转化为机械能、热能、光能……	看视频："神七"上天。	视频："神七"发射过程。

分析之一：良好的开端是成功的一半！通过"神七"视频导入，使全班42双眼睛在这一刹那凝聚，执教教师顺势引导学生分析能的转化形式。再以举重、马拉车图片为例，从力和运动角度分析，举重运动员向上举起杠铃和马向前拉车两种情景有什么共同的特点，为下面引出功的判断做好铺垫。应用多媒体导入使学生较快投入课堂中……

实录二：突破重点和难点——"茫然中的困惑"

教师语言	学生语言	学生活动	媒体板书
师：首先，看第一个事例，请用"在与不在"回答。 师：你是怎样判断的呢？ 师：手托书本不动，你说它不做功，原因是什么？ 师：假如说，我要想使它做功的话，那么应该是怎么办？ （做出向上运动的手势）	生齐答：人在做事情，不在做功。 生：向上的拖力。 齐答：不做功，在力的方向上没有距离。 齐答：向上运动。	大部分学生沉默。几个学生小声发言。	

改进科学课堂

教师语言	学生语言	学生活动	媒体板书
师：接下来，我们来看第二个事例，请你用"在与不在"回答。 师：为什么没有做功？换句话说，它缺少什么条件？	齐答：在受力，不在做功。 个别回答：没有运动。 部分回答：没有运动。 部分回答：力的方向上没有运动。 学生跟着一起回答。	学生附和。	
师：因此，我们要判断物体是否做功，必须要有：……（板书） （幻灯片出示塔式起重机的图片） 师：判断塔式起重机在以下三种情况在与不在做功？重物静止的时候它有没有受力？受到了哪几个力？ 师：接下来，我们来看第二个例子。沿水平方向匀速移动，有没有做功？你是怎么样判断出来的啊？ 师：受力方向是怎么样的？那移动的距离呢？ 师：接下来再看第三个例子。（幻灯片呈现重物在起重塔上匀速向上运动）你是怎样判断出来的？ 师：完成书上练习。 师：谁能归纳起重机做功情况？ ……	齐答：不在做功。 齐答：受力。 齐答：拉力和向下的重力。 齐答：没有。 部分学生回答：它没有在力的方向上运动。 学生：向上。 部分回答：不一致。 齐答：没有做功。 部分回答：在做功，既受到了力的作用，又在力的方向上通过了距离，所以，我们判断它在做功。 个别回答：在重物不动时，钢索的拉力没有对重物做功，在匀速向上运动时，钢索的拉力对重物做了功，沿水平方向运动时，钢索的拉力对重物不做功。 ……	学生看书，思考。 七八个学生举手。	做功的两个必要因素：1. 作用在物体上的力；2. 物体在力的方向上通过距离。

150

　　分析之二：从教师的语言和活动中可以看出，用多媒体对判断起重机三种情况下是否做功起到了化难为易的作用。但对功的判断都以图片或文字展示，速度较快，学生缺少思维上的理解过程。从学生的语言和活动中看出：课堂上学生的主体地位不突出，整堂课几乎都是在执教教师的牵引下带着学生的思路走，很多学生并没有真正参与到课堂中，而只是一味地在课堂上做倾听者、附和者。这样接受式的多媒体教学方式，有"电灌"的嫌疑。

　　此外，执教教师在本节课上功的计算练习题也用投影片展示，这使学生对功的计算过程不易理解；而且，在随堂练习的设置上学生没有任务单，导致学生边看投影边做练习，没做多久，脖子就疼了。试想，如果学生一天上的都是多媒体课，那身心会多么疲惫啊。当学习的主体陷于疲劳之中，那么我们追求的课堂效率也只能是一纸空谈了。

　　显然，这堂多媒体完全介入的课，实效性并不是很突出，除去执教教师和受教学生本身的因素影响，仍然存在明显的不足。那么这些不足之处可否用传统教学来弥补？是否运用传统教学手段来体现会获得更好的教学效果？带着这样的疑问我们设计了摒弃多媒体，改用黑板结合师生肢体语言的一堂课，主要从三个环节与前一节课进行对比。

　　第二次实践：回归传统，寻求突破

　　■新课引入环节对比

　　由于不采用多媒体手段，所以大量的图片、视频全部舍去，直接从前一节定性分析转移到定量探讨。

　　师：在上一节课，我们从定性的角度出发分析了能量的转化情况，举了生活当中许多例子并且同学们把能量形式的转化过程分析得非常好。那么能量究竟转化了多少以及它转化的快慢如何来描述，为此我们引入了功和功率两个概念。功是用来描述能量转化多少的，而功率呢是用来描述能量转化的快慢。也就是说从定量的角度出发，分析能量转化的情况，这节课我们要学的是能量转化的多少即功的有关知识。

　　分析：这一改动大大缩短了引入所用的时间，与普遍认可的引入时间不超过5分钟、力求简洁明了相吻合，但是总觉得这样的引入过程对学生而言显得有些突兀，程式化痕迹明显，缺少必要的创新，不够自然，而且吸引不了学生的注意力。听课的教师也认为这样的引入不是很成功，效果不及多媒体播放视频好。学生说这堂课学什么是从后面知道的，一开始教师在讲什么没注意听的学生有四分之一，听了很快又忘了的又超过四分之一，普遍觉得教师讲的话比较抽象，引不起注意。

■重点突破环节对比

课前展望："能量转化的量度"这一节内容是对前一节能量转化的深化，功是能量转化的量度。同时正确理解功的含义，是掌握功的计算、功率、机械效率和机械能等知识的基础。特别是对做功的两个必要因素，学生能够很好地掌握它，就能够更好地理解功的原理、机械效率等知识，并解决有关的问题。因此理解做功的两个必要因素是本节课的重点，也是本章的重点，同时，它也是个难点。

为了突破这个难点，钟老师采用了请一个学生上讲台与她一起配合表演，其余学生每人一张任务单，边观看边思考边回答，然后小组讨论记录的方式。这也是传统教学中常用的一种认为较好的教学手段。整个具体操作如下。

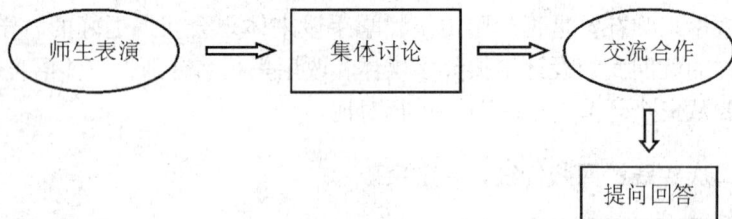

师生表演：10分钟。（实录）

师：现在我们知道了，做功必须要两个必要因素，少一个就不做功了，接下来我就要同学们来判断下面的情景，力有没有做功。我请姚××同学上来，配合我一下。你站在这里，这是我们班吨位最大的同学，现在这样，我用力地推（该学生没动）。好，我要同学们判断的是我对姚××同学施加的推力，有没有做功？

生齐答：没有。

师：为什么？

全体回答：在力的方向上没有距离通过。

师：姚××同学，你把这本书放在手上托住。现在书受到了姚××同学施加给它的一个力，什么力啊？

生齐答：支持力。

师：你走一下，书在手上不动。（学生走过去再走回来）

师：现在我问的就是，姚××的手对书施加的这个支持力或者说托力有没有对书做功？为什么？

生齐答：没有。（学生在下面嘀咕）

师提示：书在什么方向通过了一段距离？

生：水平方向通过了一段距离。

师：力的方向是怎样的？

生：竖直向上的。

师：它们之间是怎样的关系？

生齐答：互相垂直。

师：有没有做功？

生齐答：没有做功。

（教师将粉笔朝学生手中扔，学生没接住。捡起来）

师：好，现在我问的是：刚才这个粉笔能够扔出去，我给它施加了一个力对吧？我的手对粉笔施加的这个力有没有做功？提示：这个粉笔在空中飞，飞到他手里的这个过程，我的手对粉笔施加的力还作用在上面吗？

生齐答：没有了。

师：也就是说粉笔在飞行的这段过程当中，跟我这个手施加的力不在同一时间内发生，那你告诉我，我的手对粉笔施加的力有没有做功？

生齐答：没有。

师：好，姚××同学，请你做一个动作，你跳一下。

（姚××在原地向上跳了一下）

师：姚××在跳起来的过程中，请问有没有力做功？

生：重力做功了。

师：支持力有没有对他做功？

生：没有。

师：好，刚才我们分析了很多的例子，那么现在我要交给同学们一个任务：到底哪些情况下做功？哪些情况下是不做功的？想一想，回忆一下刚才的情景。同学们自由组合将不做功的几种情况归纳出来写在作业单上，等下我们来交流。

（学生自由组合讨论，教师巡视指导。时间：8分钟）

（交流合作，互相补充。时间：5分钟）

（教师提问，学生回答。时间：3分钟）

分析：在教学过程中，学生亲自参与了对功的理解和是否做功的判断，教师通过口语、肢体语言和学生有了情感的交流，并且给学生留下了回味、思考、理解的余地，这样有利于学生认知理解能力的提高。从稍后学生的讨论交流与展示中可以看出，这一环节能较好地突破难点，用直观的肢体语言代替多媒体上的图片分析更加生动，更加符合初中生对新知识的接受能力。学生对本堂课的重点能较好地理解和应用分析，但一个很大的问题又摆在面前，那就是在教学实施中，以上的过程连同后面的讨论和交流整整花费将近半个小时，使得后面的课完成得有些仓促，学生不能很好地掌握计算部分，与教学设计出入较大。

■例题讲解，练习巩固，小结环节对比

陈老师第一堂课所有例题和练习题全部在幻灯片上呈现，学生需要一边看着幻灯片上的题目一边在草稿本上解题，不太方便；而钟老师将题目全部呈现在任务单上，并且在任务单上预留了解题空间，这样明显有利于学生审题、阅读和书写。将教师直接呈现在多媒体上的小结，由教师读一遍改为学生自己探讨得出，将结果写在任务单上进行交流，更有利于学生掌握。

	陈老师	钟老师
习题呈现	全部在幻灯片上。	作业单上。
课堂小结	幻灯片上放映，教师朗读。	学生讨论得出，并进行交流。
学生投入	有些学生看一会闭一下眼睛，有些学生开始发呆。部分学生便看边练，然后揉眼睛。	认真在作业单上练习并伴有轻声讨论。
课堂气氛	一般。跟随教师完成。	气氛活跃，有讨论有交流。
教学时间	15 分钟。	10 分钟。

■感受：让教学手段有效交融，促进课堂实效

第一次多媒体完全介入的课堂上陈老师专注投入，学生配合默契，一切都如当初的教学设计，顺利地完成教学中的每一项任务。但总感觉课堂中缺少了些什么，带着这个疑问我们重新审视了当初的设计，整堂课的时间安排大致如下。

教学过程	导入	突破重难点	功的计算	巩固练习布置作业
所用时间	3 分钟	15 分钟	17 分钟	10 分钟

各个教学环节在时间分配上似乎合情合理，使用多媒体的引入环节能激发学生的学习兴趣，能较好地调控课堂进程，教学各程序清晰可见。但从学生做练习题中的"茫然"，我们发现了多媒体完全介入的"困惑"——在教学内容的选择及其发展上的全面预设，抹杀了以知识点为中心的发散性理解和表达的可能性，某种程度上阻塞了学生的想象空间，不利于学生对科学概念的消化和吸收，不利于培养学生的形象思维和创新思维。学生的创新能力培养，是教育创新的核心，是我们的教育目标。教育技术应用不当不利于学生的创新思维的培养。过度用直观、形象的展示，容易使学生形成先入为主的印象，反而抑制了学生的想象力，扼杀了学生的创新能力。

而钟老师的传统教学模式的授课，在突破重点和练习呈现环节上似乎更有利于学生对科学知识的掌握以及科学素养的生成，然而在有限的课堂时间内，展开重点和难点的过程中出现了钟老师备课时未曾预料到的、不在教学设计控制中的突发情况，这些临时生成的课堂教学内容虽然也是课堂教学的有机组成部分，但是稍显拖沓，直接影响了教学进程，以至于练习巩固环节匆匆结束。引入环节虽然简洁却不能迅速集中学生的注意力，起不到承上启下的作用。

美国大众传媒学家施兰姆曾说："如果两种媒体在实现某一教学目标时，功能是一样的，我一定选择价格较低的那种媒体。"也就是说，选择媒体必须遵循"低成本、高效能"的原则，这一原则同样适用于课堂教学。使用什么样的教学手段，不是看它运用了多少制作手段和科技含量，而是看它是否适合教学，是否能给学生以启发和引导，是否能提高课堂效率。只要运用得当，多媒体教学和传统教学手段都能充分显示和发挥其最大优势。我们所要做的就是，采用适当的教学策略，用其所长，形成优势互补。

在结合第一轮实践两次授课的课堂流程和实际效果之后，我们针对本节教学内容，讨论设计了传统教学手段和多媒体有机结合的第三堂课，具体措施如下。

1. 仍然使用"神七"升天这段视频来导入新课，让学生觉得既轻松又新颖，不由得对本堂课充满了好奇。突破重点、难点——做功的条件时可以播放运动员举重视频，使教材中静态的现象动起来，启发学生讨论，再运用力学中的受力分析，使学生容易在理解的基础上得出做功的条件。从引入环节开始，学生特别是后进生处于一种亲切的情境中，可以取得较好的教学效果。多媒体创设情境，有助于提高学生的学习兴趣，激发其求知欲，调动学习的积极性。

2. 在分析哪种情况下力对物体做功时引入教材 74 页讨论题塔式起重机的例子时，可以用多媒体技术将教材中的图片分三种情况动起来，通过具体分析学生就能清楚得出做功的两个条件缺一不可。

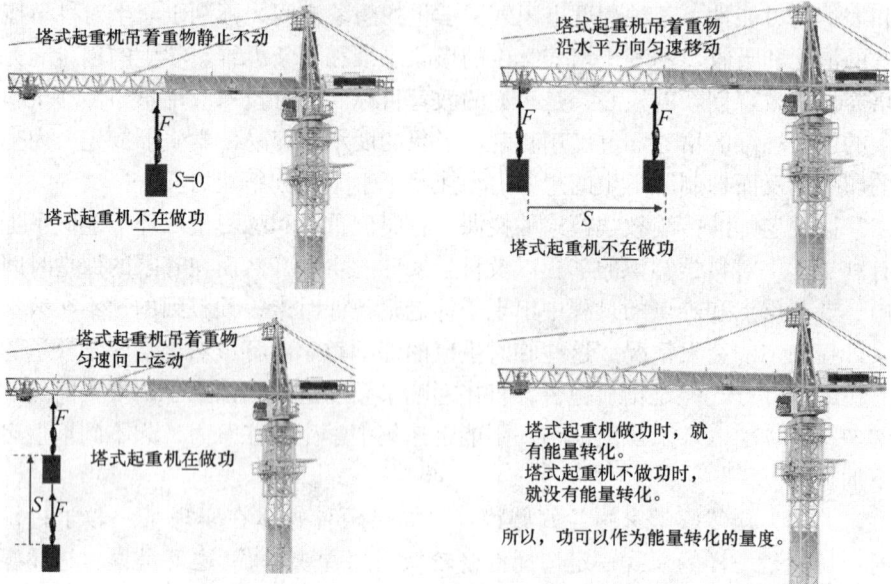

塔式起重机吊着重物静止不动
F
$S=0$
塔式起重机不在做功

塔式起重机吊着重物沿水平方向匀速移动
F F
S
塔式起重机不在做功

塔式起重机吊着重物匀速向上运动
F
S F
塔式起重机在做功

塔式起重机做功时，就有能量转化。
塔式起重机不做功时，就没有能量转化。
所以，功可以作为能量转化的量度。

3. 受力分析采用板画的方式，教师在黑板上作图引导学生参与分析，巩固练习环节题目通过任务单呈现，可选择学生到黑板前示例。

第三次实践：教学手段有机整合，提升课堂实效

整体设计思路：引入环节采用多媒体手段，重点突破环节以表演加多媒体辅助手段以缩短时间，练习和课堂小结在作业单上完成。

具体操作如下。

引入环节："神七"视频导入

师：同学们，2008 年我国有两件举世瞩目的喜事，你知道是哪两件吗？

生："神七"成功上天，还有就是北京成功举办奥运会！

师：好，让我们一起来看视频。

分析：这一次陈老师是借班上课，学生对于陈老师的教学风格完全不熟悉，当雄壮的火箭升空的一刹那，学生的眼睛为之一亮，充满了惊叹与好奇。这时,陈老师的问题紧跟着就自然而然提出来了。

师:那么刚才我们看到了"神七"成功升空的视频。你知道能量是怎样转化的吗?还有呢?

生:化学能转化为机械能、热能、光能。

当学生将能量转化分析清楚后,很自然地提出本堂课的主题:能量转化的量度——功的概念。用时为 3 分钟左右,学生很快融入到课堂气氛中,并且印象深刻地了解了本堂课要学的重点是什么。

重点突破环节

多媒体教学在这一环节中使得学生受制于幻灯片,没有充足的时间思考和分析,只是一位倾听者、跟随者,并没有真正理解什么情况下做功,什么情况下没有做功,在后面的练习环节这个情况尤其突出。而传统教学又耗时太多,影响课堂的时效性。所以我们通过讨论决定保留传统教学中的肢体语言——师生表演部分,在随后的交流中改提问为多媒体投影放映。由学生评价,最后将完整结果在多媒体中呈现。这一改进既提高了学生思考的积极性,在边观看表演边思考中将难点进行很好的理解,且印象深刻。同时,大大节省了时间,比纯粹用传统教学手段节省时间近十分钟。具体操作如下。

表演部分与第二堂课大致相同,只是将语言进行改进,使之更加精练。并且与表演的学生事先说明白,让他在听到指令后能很快反应过来,准确将动作展示出来。第一个动作:当教师用力推他,学生站在原地不动,脸上带着笑容。第二个动作:教师把书拿给他,学生稳稳平托着书在教室来回走动,其余学生在教师的提问下一边观看一边思考。第三个动作:教师将粉笔扔给学生,学生稳稳接住。第四个动作:教师一向上挥手,学生即跳起,重复两次。整个过程用时不超过 8 分钟。

接着,陈老师在事先分好的四人小组讨论 4 分钟左右时间后及时叫学生归位,将学生讨论后小组长的记录在多媒体投影仪上放映。

师:刚才大家讨论得很积极,每个小组都有不错的收获,我们一起来看看郐××小组的讨论结果,与同学们自己的讨论结果对照一下,有没有不同看法?

生甲:我觉得她们的单子上写着,两个因素少了一个因素不做功,改成两种情况:A. 有力作用在物体上但在力的方向上没有距离通过不做功;B. 物体有距离通过但没有力作用在物体上不做功。这样更好些。

157

师：也就是说分成四种情况是吧？不错！还有不同看法吗？

生乙：我觉得她说的力和方向不一致不做功改成力和距离互相垂直不做功更加准确些。

师：非常棒！比如汽车上坡，重力与汽车驶过的距离不一致，但汽车仍需克服重力做功。在计算中我们需要强调两者方向的一致性，但是否做功的判断中我们应该说力和距离互相垂直时不做功。好了，现在我们清楚了四种情况不做功，请看幻灯片，不够完整的请补充完整，接着请完成任务单上的习题1和习题2。

从后面的学生练习中可以看出效果明显，这也可以从后测中论证。

习题呈现方式，小结环节

1. 习题呈现方式

在第一堂课中，陈老师所有的习题全部在多媒体幻灯片上呈现，学生边看边练显得吃力，而且注意力明显分散，有些浪费时间。第二堂课只用任务单又显得有些单调。第三堂课，我们采用了习题在任务单上完成，同时配上多媒体动画，学生既有感性的体验，又可以理性地思考，完成习题。

2. 小结环节

第一堂课，陈老师直接将本堂课小结在多媒体上呈现，并由教师自己边读边讲解，这样学生仍只是一个倾听者，并不能很好地回顾这堂课到底学了哪些知识点，不能形成系统性的知识模块。第二堂课全部由学生完成，用提问的方式。用时较长，且比较散，不利于集中归纳。第三堂课我们采用学生小结，教师对其进行针对性分析，最后的结果在多媒体上呈现，学生不仅清楚了这堂课的收获，而且形成了系统性的知识网络。

两种教学手段结合的课堂前后测、学生访谈数据分析

大家集体讨论之后，对教学设计进行了修改，要求教师在教学过程中配合使用多媒体课件。授课过程中，教师讲解到难点"判断物体受力时是否做功"利用了多媒体介入，物体的受力分析、物体移动的方向、物体移动的距离等都利用动画，以力的图示形式展现，然后，教师利用板书加以强化，最后配置了随堂练习。这段教学总用时12分31秒。课后，我们同样对该班级学生进行相应知识的测评。（以判断物体在受力的情况下是否做功答

题情况进行统计）

测试统计结果如下（全班 45 人）。

全班 45 人	正确（31 人）			错误（14 人）		
	A 等生	B 等生	C 等生	A 等生	B 等生	C 等生
	14	13	4	0	6	8

同样，我们在课后又寻找部分学生进行访谈。

生 1（A 等生）：今天这节课我注意力最集中了，整堂课我都在认真地听，所以题目都做出来了。以前老师上课用多媒体时，总是很快将知识讲完后，呈现幻灯片，我成绩不是很好，还没听懂，老师就放下一张幻灯了。而且黑板上也写得较少，只有老师不用多媒体上课时，才会写满满一黑板。

生 2（C 等生）：今天我听懂了一部分，以前我上课都不怎么听的。今天老师在上课时使用了视频，中间又会在黑板上进行讲解。

生 3（C 等生）：老师讲得很精彩，今天我也仔细听了。

生 4（C 等生）：我希望老师在上课时还是能多用多媒体，有好看的图片。

让所有的学生真正"进入课堂"、"融入课堂"是我们经常思索的问题。在我们的日常教学中，很少去关注学生对某个教学内容是否感兴趣。如果学生不感兴趣，就无法激发起他们真正的学习兴趣。在这两次实践课中，我们也试图从多角度来观察学生思维的张力。第一次课堂氛围较好，第二次课中举手回答问题的学生人数更多，在小组讨论中能积极参与的面更广。从两次课的后测及学生访谈情况分析，教师使用多媒体与传统手段结合展开教学，在一定程度上提升了中等生和后进生思维的专注度，为整堂课提高学生思维的张力提供有利的保证。

评述与分析

■ "为技术而技术"还是"为教学而技术"

诚然，对于教学目标而言，无论是传统的模式还是多媒体手段，都是一种途径和技术。

那么，在科学课堂上，我们探究不同教学手段的课堂实效性优劣，从本质上来说都是对教学技术的探讨。

认知主义学习理论认为，个体对环境中事物的认识与了解是学习的必要条件，是学习者根据自己的需要和兴趣，利用自己原有的认知结构，对当前外部刺激所提供的信息主动做出的、有选择的信息加工过程。是主体转变客体过程中形成的结构性动作和活动，认识活动的目的在于取得主体对自然社会环境的适应，达到主体与环境之间的平衡，主体通过动作对客体的适应又推动认识的发展。强调认识过程中主体的能动作用，强调新知识与以前形成的知识结构相联系的过程，表明了只有学习者将外来刺激同化进原有的认知结构中，学习才会发生。

在课堂中，学生是教学对象，是教育的主体，教师则处于主导地位。从另一个角度来理解，我们认为，教学内容也是主体，而教学手段只是呈现和构建主体的载体。使用多媒体参与科学课堂教学，我们不能为技术而技术，更不能以牺牲课程目标的实现为代价。如果在使用传统教学手段能够取得良好效果时，生硬地使用多媒体技术，就失去了使用多媒体技术的价值。多媒体技术是突出教学重点、突破教学难点的有效工具，但不能全盘使用。凡是能够用普通媒体如模型、挂图等实现的就无须用多媒体技术展示。应该处理好使用多媒体技术教学与传统媒体教学的关系，粉笔和黑板仍然是我们教师的主要教学工具，我们应该将多媒体技术作为课堂教学点睛之笔。可以课堂演示的普通实验不能以动画代替。实验媒体是任何其他媒体所取代不了的，它能培养学生的观察能力、动手能力、分析能力和团结协作能力，实验是最直接、最生动的媒体，教师不能舍本逐末，全盘放弃垂手可做的实验而用多媒体模拟实验。

对于不同的教学内容和教学对象，我们选择何种教学技术，在一堂课中何时使用何种教学手段，都会直接影响课堂的实效性。因而，我们提倡和鼓励"为教学而技术"。

■多媒体如何丰富科学课堂

1. 数字化图形与图片

在初中科学课程中，涉及许多自然界中的生物与自然现象，但由于受季节变化与教材内容不合拍、地理位置的限制、实物材料收集的不方便、模型标本等的不完备之类的原因的影响，不容易展开实地观察或是实物演示，教师通常只能凭借教材展开讲授，丰富多彩的大自然尽失本色。而且，生物体形态结构和生理机能千姿百态，若脱离丰富的材料作为支撑，教师很难解释清楚，学生也学得枯燥无味。因此，图形与图片的演示一直是初中科学教学中常用的策略。虽然图片可以展示出自然现象的五彩缤纷，可以引起学生的兴趣，引导他们展开观察，并提供思维的依据，可是教学挂图是大小固定的，教师无法根据教学需要进行修改，而数字化图片可以通过计算机和投影仪在大屏幕上展现出来，这能够提高可见度，引导学生观察更为细微之处。数字化图片存取方便，教师可以通过素材库等获得一系列组图。例如，数字化图片可以将各种环境下的竹节虫展现出来，对加深学生的印象与理解非常有用。

2. 数字化动画

动画可以表现很难拍摄的客观存在的有形世界，如天体的运行、地球的构造、原子的结构、有花植物的授粉等，它在科学教学中具有独特的作用。动画与视频都可以展示事物发生、发展的过程。视频是建立在实物拍摄的基础上，具有高度的逼真性，而动画可以不受景物的限制，可以是象征性的。因此，运用动画来进行科学教学时可以去粗取精，突出事物的运动和变化的过程，以及变化过程中的相互关系和它们之间的相互影响，阐明最本质的原理与规律。例如，在关于日食和月食的教学中，由于日食这种自然现象不常见，许多学生从未亲眼见过，如果仅仅是通过讲解和阅读的方法，教师很难讲清楚，学生也不容易理解，此时运用动画来显示日食时太阳、地球、月亮之间的关系，就是最好的选择，动画可将太阳、地球、月亮之间的位置关系就表现得清楚，而且形象生动。动画能分解重叠物，使物体各部分形象及其相互关系完整、清楚地呈现出来，能较好地表现物体的内部状态及其与外部的联系，即从内外两个层面上同时加以表现。

3. 数字化视频

视频是媒体表现形式中最具有真实性和可靠性的一种，它集声音和动态的图像于一体，能够真实地再现客观事物和现象的结构、过程、变化。视频镜头可以带领我们的视线进入人体，观察人体内部的微观结构，也可以带领我们穿越丛林与沙漠，环绕地球，甚至可以到达太阳系以外，去探索宇宙的奥秘。例如，在关于"青蛙的生活习性与捕食特点"的教学中，要显示青蛙舌头长而宽阔、附满黏液以及捕食时动作迅猛快捷的特点时，要制作动画来呈现这一复杂过程并非易事，而一段视频剪辑可以非常容易地表现这一过程。视频媒体在技能的示范、态度情感的激发方面，往往比动画媒体具有更强的优势。例如，播放神舟七号飞船升空的视频画面，既能够清楚地观看飞船升空的过程，而且易激发起学生热爱祖国、为祖国而自豪的感情。

■多媒体的介入应促成有效科学课堂的构建

通过本次深入课堂的课例研究，我们深刻地认识到教学中运用多媒体的优势，与此同时，我们也发现以下困惑：一是认识模糊。相当一部分领导和教师认为，只要教学手段先进，教育思想先进，教学效率就会提高，只要在课堂上运用了多媒体，就有着先进的教学理念，就进入了新课改。二是夸大功能。由于多媒体的"热"，不少教师一哄而上，为了用多媒体而用多媒体，一些人抱着"不怕乱用，只怕不用"的心理，视其为提高教学质量的灵丹妙药。三是角色移位。有的教师在运用多媒体教学时，将课件设计成顺序式结构，上课时只需按一个键或者点一下鼠标，课件便按顺序播放下去，这样就形成了以电子计算机为中心的局面，教师主导、学生主体的角色分工形同虚设。四是定位偏误。在课堂教学中，以"点击"替代"点拨"，以"生机互动"替代"师生互动"，师生被课件"牵着走"。这是由于教师在运用多媒体教学时，对具体的教学目标和内容及多媒体运用的时机、作用缺乏足够的考虑，以教学手段代替了教学目标。因此，我们认为：

1. 多媒体教学手段不能排斥或替代传统的课堂教学模式

传统的教学模式是广大教育工作者经过长期的实践和研究所总结出来的一种行之有效的教学模式，当前的教学模式仍不可能脱离传统的教学手段，多媒体教学手段只能作为"辅助"的手段，而不能完全替代传统教学模式。有的教师认为多媒体课堂教学具有传统教学模式所没有的优势，每节课必言多媒体，特别是公开课或示范课，好像不用多媒体就不能算是一节好课。这种认识过分强调了多媒体教学的优点，而忽视了课堂教学中的学生的主体地位、教师的主导作用、师生之间课堂上的情感交流，削弱了教师的授课艺术和临场发挥能力，不符合学生的认知规律。如果一味追求课堂上的教学过程的"奢华"，讲究声音、录像、动画和投影，追求知识传授上的"大容量"，最终不是分散了学生的注意力就是把学生搞得顾此失彼，反而降低课堂效率。每一个教师特定的教学语言、教态、板书和应变能力是最大的财富，只有把传统教学手段、教师个人特色和多媒体辅助教学有机地结合起来，才能真正发挥多媒体技术在科学课堂教学中的效果。

2. 多媒体辅助课堂教学必须有助于突破教学重点、难点

在课堂教学中使用多媒体技术必须有助于突破教学内容的重点和难点，否则就没有必要使用多媒体技术。通过多媒体技术可以把抽象的、难以直接

用语言表达的概念和理论以直观的、易于接受的形式表现出来，或把课堂演示实验中有毒的、有危险性的、成功系数较低的、短时间内难呈现预计效果的实验通过播放录像的形式演示出来，但是实验在科学课程中处于重要地位，它的直观性尤其是真实性是多媒体无法达到的，因此它是不可替代的。科学实验应尽可能让学生参与操作，亲自观察，让学生获得第一手资料和直观的真实感受。只有到解析现象和原理时方可借助多媒体手段，若完全依赖多媒体，虽也逼真，但缺乏真实感，长此以往对学生的思维优化及动手操作能力的培养极为不利。于是，多媒体课堂教学决不能只停留于表面，用计算机屏幕代替板书、用录像代替所有课堂演示实验等这些形式都是不可取的。所以在遵循学生的心理特点、认知规律和记忆规律的基础上，恰当地使用多媒体技术有助于突破教材中的重点、难点。

3. 多媒体课件的制作必须具有科学性

科学性是自然科学中首先必须具备而且是最重要的性质，离开了科学性，也就失去了自然科学立足的根本。因此我们设计多媒体课件时一定要注意不能犯科学性错误，否则不但不能起到辅助教学的目的，而且给学生带来更大的负面影响。

4. 正确掌握多媒体的需求时机，避免学生由"参与者"到"观赏者"

教学是师生的双向活动，既要发挥教师的主导作用，又要发挥学生的主体作用，并将两者有机地结合起来，融为一体，形成和谐、融洽、积极、活跃的课堂气氛。要做到这一点既要看教师的教，更重要的是看学生的学，如果教师运用多媒体教学后，不注意调动学生的主观能动性，不注意培养学生分析问题、解决问题的能力，忽略学生的主体地位。原先传统手段的师生交流、讨论都在光、声、图像的展示中湮灭了，学生不是课堂的主人，而成为仿佛置身课堂之外的观赏者，使学生只停留在对精彩画面的欣赏上，而对实质性的科学内容不去留意，时间久了就自觉不自觉地游离于学习活动之外。如在"能量转化的量度"一课中，只给学生播放"神七"升空的图片，举重的图片，踢球的录像等画面，不给予讲解，色彩艳丽的画面让学生看得眼花缭乱，再加上没有适当的提问、讨论等形式的交流，结果台上热热闹闹，台下冷冷清清，把一堂科学课变成观赏课，背离了教学宗旨，正如心理学家罗杰斯所说："不应该把学生看成是知识的被动接受者，而把学生看做是有目的、有能力选择和塑造自己行为的人。"我们不要把"上科学课"变成

"看电影"。

5. 讲究多媒体的使用效果，避免盲目使用，效率低下

素质教育要求我们"采用现代化的教学设备，引进多媒体教学以充分调动学生的种种感官，激发学生的学习兴趣，提高课堂效率"。如果教师不从教学实际出发，不注重实效，认为运用多媒体手段越多就越能显示教学水平，一味盲目使用，对于传统手段就可以解决的问题，也牵强地使用多媒体，结果反而破坏了课堂教学结构。如果教师将大量的科学知识的板书和逻辑推导写入课件，在课堂上展示，这样学生对其印象反而不深，不易吸收，甚至有的学生连笔记都来不及记。我觉得不如教师在黑板上一边讲解分析一边板书，学生也能边听边想边记。再比如，教师把图片、影视或文本简单地转换为计算机演示，不讲究多媒体的使用效果，再加上技术因素的影响，图像的大小和清晰度受到限制，与其花那么大的精力去把它们制作成计算机课件，还不如直接使用投影仪、录像机或挂图来得方便。特别是从网上下载的课件，使用时一定要结合自己学生的实际，进行恰当的修改，否则，对别人来说是一个好课件，对自己及所教的学生就不一定是好课件了。在教学中教师一定要注意，不要存在"为了用多媒体进行教学而用课件"的思想。

总之，多媒体辅助课堂教学是对传统课堂教学模式的一种补充和发展，运用多媒体课堂教学也是课堂教学发展的必然趋势。多媒体教学要以解决传统教学中难以解决或不能解决的问题为前提，以突出教学目标为宗旨，多媒体的选择是由教学内容和教学对象来定的，要从教学过程最优化的高度去探究，要从实际出发，摒弃形式，切忌滥用，只有这样，才能有效地发挥多媒体的最佳功用，达到最佳的教学效果，提高学生的科学技能和素养。

附：师生调查问卷

多媒体教学和传统教学的现状调查（教师卷）

1. 您的教龄有几年？＿＿＿＿＿＿＿＿
2. 您平时使用多媒体占总课时的比例：＿＿＿＿＿＿＿＿
3. 一堂课一般多媒体费时几分钟：＿＿＿＿＿＿＿＿
4. 您认为在科学课的哪些环节中使用多媒体效果较好＿＿＿＿＿＿
5. 您在使用多媒体时，除幻灯片为基本形式外，其余形式，如影片、动画等使用多吗？为什么？

6. 您使用的多媒体课件来源是：

　　A. 网络下载　　　B. 自己制作　　　C. 网络下载后自己修改

如果您是自己制作课件，一般需要多少时间完成？

多媒体教学和传统教学的现状调查（学生卷）

亲爱的同学们：

　　本调查问卷是为了更好地了解多媒体教学与传统教学之间的优势互补情况而展开的教育调研。问卷采取无记名的形式进行调查，请同学们如实填写，谢谢你的合作！

　　说明：传统教学主要是用粉笔在黑板上演示的形式（简称粉笔黑板），此外还利用录像及实验或模型、演示等辅助手段进行教学。多媒体教学主要是将文字、图形、动画、影像与声音等组合并加工制作成教学课件，通过计算机和投影机来实现教学活动、达到教学目的的教学手段。

　　1. 传统教学与多媒体教学你比较喜欢哪一种？（　　　）

　　　　A. 传统教学　　　　B. 多媒体教学　　　　C. 随便

　　2. 传统教学和多媒体教学，哪一种能使你更加集中精神听课？（　　　）

　　　　A. 传统教学　　　　B. 多媒体教学　　　　C. 差不多

　　3. 在多媒体课堂上，你的注意力主要集中在哪些方面？（　　　）

　　　　A. 重点、难点知识

　　　　B. 教师的语言、动作

　　　　C. 多媒体对象（即图片、动画等）的呈现

　　　　D. 记笔记的时候

　　　　E. 其他

　　4. 在多媒体教学当中，针对教师在课件上展示的重点内容，你会做笔记吗？（　　　）

　　　　A. 会　　　　　　　B. 不会　　　　　　　C. 有时会，有时不会

　　5. 在多媒体演示节奏上：（　　　）

　　　　A. 比传统教学的粉笔黑板快，不能很好地和教师的讲解节奏相配合，不便理解、记录和记忆

　　　　B. 接近平时粉笔黑板形式的讲课习惯，文字逐行逐字、图形逐线逐点显示，与教师讲解节奏相配合，方便理解、消化、记录和记忆

　　　　C. 比传统教学的讲授慢，由于呈现的方式过多，容量过大，花费了

较多时间，不能很好地和教师的讲解速度相配合

6. 多媒体教学中的视听效果上：（　　　）

   A. 过多的视听效果会使你眼花缭乱，注意力分散，影响思考、消化或记录记忆

   B. 形式新颖，形象直观，表现抽象不可见的概念和知识，吸引你的注意力，提高了学习的积极性

   C. 差别不是很大

7. 多媒体教学与传统教学中，哪一种更能提高你学习的兴趣和积极性？（　　　）

   A. 多媒体教学　　　B. 传统教学　　　C. 一样，没什么大的区别

8. 多媒体教学与传统教学中，哪一种更有助于你对课本重点、难点的学习？（　　　）

   A. 多媒体教学　　　B. 传统教学　　　C. 一样，没什么大的区别

9. 多媒体教学与传统教学中，哪一种更能培养你的独立思考、创新能力？（　　　）

   A. 多媒体教学　　　B. 传统教学　　　C. 一样，没什么大的区别

10. 请你为使用多媒体教学或传统教学的教师提出你的意见或建议。

第八章 运用前后测，成就高效科学课堂

前面的话

■为什么要谈这个话题？

■我们的观点

我们的实践（一）

■"检索表"一课价值分析：网络化知识构成

■建立于经验之上的教学设计

■前后测设计：基于目标分类

■前后测问题设计

■前后测分析

■后测分析：诧异的结果

我们的实践（二）

■建立在实证证据上的教学设计

■在检索表教学中体现框架构建

■将学生的答案视为教学资源

■第二次课后的效果

评述与分析

■如何在日常教学中使用前后测这一方法？

■与教师对谈：如何设计前后测题

声 音

研习推荐

 附：课堂实录

前面的话

■为什么要谈这个话题?

某一次科学课后的评课曾给我留下非常深刻的印象。

科学课改展示课"酸雨"结束后,各科教师纷纷走出教室开始评论这一节课。

A老师:"科学老师的一个问题,居然会有那么多同学举手要求回答,在我课堂里可是从来也没有见过啊!"

B老师:"是啊,在我的课堂上,学生的积极性也从来没有这么高。不过我印象最深的是学生在讲台上展示这一环节,我从没想到学生的表达欲望很强烈,表述能力也很强。"

C老师:"我注意到这是因为他们在小组讨论时分工非常明确,效率很高,一会儿一份展示材料就完成了,看来科学老师对小组活动的开展已经很有经验了呢。但是我似乎觉得,学生说到的都是他们之前就了解到的知识,在今天的课上他们学到了什么呢?"

B老师:"是啊,这么说起来,今天这节课的教学重点、难点是什么,要解决什么问题,我没有听出来啊。"

……

以上片段对于许多教师来说可能并不陌生,在对科学教学的评价中,教师们往往赞叹于科学课堂中学生的广泛参与、小组中的热烈讨论、讲台前的精彩展示……但对科学课的课堂效率,一些教师却又持保留意见。"在学生已有的知识基础上,他们在课堂上又学到了什么呢?""不懂的学生还是没有懂!"甚至有的教师下定论——很热闹,没效率。

由于科学学科更重视学生能力与素养的提升,因此过程与方法在科学学科中就显得尤为重要——科学课必须要有探究,有实验,有讨论,有碰撞,学生只在真实的体验中才能真正获得科学知识,只有在经历探究过程后才能体悟到其中科学方法。科学课必定很"热闹"。而方法与能力的获得也不能像知识技能获取那样迅速和外显,这一定程度上也成为了科学课热闹、效率却似乎不高的原因。

其实，上述问题反映了二期课改后教师们对课堂教学效率检测关注：教学的深度——知识技能，特别是过程方法、情感态度价值观这些逐步深入的三维目标应如何在教学设计中体现，又如何检测；教学的广度——不能再满足于由几个学生热烈参与讨论的课堂，不能将个别学生与教师的回应和互动作为课堂推进的动力。我们希望尽可能多的学生在尽可能多的领域和方法获得尽可能多的发展，那么，这又如何来检测？

由此，我们想到了使用前测与后测的方法来评价教学目标的达成与学生在课堂上的真实获得。一方面，通过前测与后测结果的比较，获得学生在科学知识、技能运用、方法获得等方面的变化，在实证数据的基础上描画出学生在多方面的成长轨迹；另一方面，利用前测与后测作为评价来指导课堂教学的设计与各环节处理，以期更符合学生的需要。

■我们的观点

前后测的作用

获得教学的起点：美国著名教育心理学家奥苏贝尔在其最有影响的著作《教育心理学：一种认知观》再版扉页上写道："如果我不得不把教育心理学的所有内容归纳为一条原理的话，我会这样说：影响学习最重要的一个因素就是学习者已经知道了什么，确定了这一点，就可据此进行教学。"

如何获得学生的已有经验和现有水平？谈话与提问当然也是很好的方式，但与之相比，实施前测覆盖面既广，了解的信息也更系统而细致。

评价教学的效率：对于教学效率最简单也最直接的方法有二：其一，从教学设计角度来看，教学有效性为教学活动结果与预期教学的吻合程度[1]，即将教学结果与教学目标相比照获得目标达成度；其二，从学生发展的角度来看，教学是否有效，关键要看学生是否有进步或发展[2]，即学生在学习前与学习后的变化。无论采用其中哪一种评价方式，进行前测后测获得学生具体学习情况都是必不可少的。

获取学习的资源：众多研究表明，学生对科学内容的理解和掌握并不是获得正确概念输入的过程，而是获取外在资源后重建于改组内部认知结果的过程（类似于皮亚杰所说的顺应）。在传统的教学过程中，学生原先存在的

---

① 姚利民. 有效教学研究［D］. 华东师范大学，2004：44–48.

② 申群英. 论有效教学的内涵及发展［J］. 教育教学研究，2009：10.

认知结构是不被重视的，教师甚至避免将其显性化唯恐这会影响学生对正确内容的认知。但大量的西方研究表明①，若教师只向学生呈现正确的观点，学生的习得率是非常低的（依据 Chinn 和 Brewer 的研究，仅在 5% 左右），只有充分重视学生先前的知识与经验，甚至误解，在此基础上进行教学设计，课堂教学才能有的放矢，提高效率②。

前后测测什么

问卷的设计应紧密围绕教学重点与难点进行。学生对一般的知识点内容的掌握情况可在课堂上通过集体及个别学生的提问、参与聆听学生小组讨论等方式获得。前后测中测量的内容应是教学中的重点、难点和关键点。对重点、难点分解后设计出难度递进的试题，以了解学生掌握了什么，掌握到什么程度，容易犯的错误有哪些。通过设计与生活应用相关的综合性试题，以了解学生的学习获得是否还停留在表面，是否已能从对知识的理解水平到应用水平，从操作水平到迁移水平。

学习是循序渐进的过程，课与课之间（特别是理科）是一种层层递进、环环紧扣的关系，前测测量的是教学开始之前，学生对与本次课教学相关的知识与技能掌握的程度，一般为前一次课或前几次相关教学目标的达成度；后测测量的则是学生是否达到了教学目标。我们期望通过课堂观察，结合教学目标及前后测的对比分析，描绘出学生在各方面的学习状况，向执教者提出基于证据的改进方向。

无论是前测还是后测，我们都不希望学生将其看成是考试或考试的变形，以免将任何与考试有关的认知与情绪带到测试中。因此，在测试卷上我们：

- 不要求填写任何个人相关信息；
- 抬头写上"考考你"、"小试身手"，轻松气氛；
- 前测与后测卷的批改都不计分，只记录对错与错误类型；
- 试题量控制在 4~5 题，类似于平时的课后练习。

---

① 琳达·达林–哈蒙德，等. 高效学习：我们所知道的理解性教学［M］. 冯锐，等，译. 上海：华东师范大学出版社，2010：128–130.

② Clark, D. Longitudinal conceptual change in students' understanding of thermal equilibrium：An examination of the process of conceptual restructuring［M］. Cognition and instruction，2006：24（4），467–563.

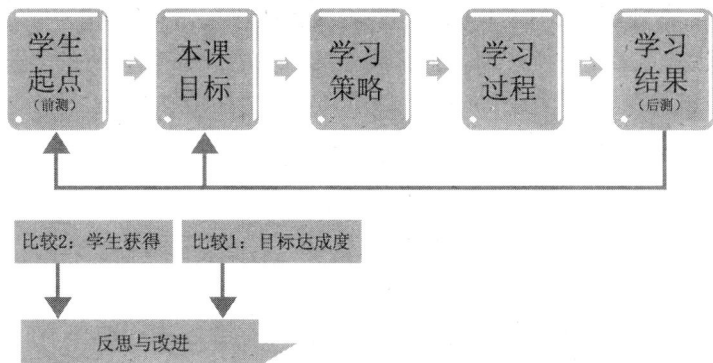

图 8 - 1　前后测分析架构

前后测方法上的不足

①对试题编制的要求较高：在前后测中，教师只通过预先设定的静态问题考察学生所处的水平，因此，与科学研究中调查法一样，问卷设计质量对教师是否能够获得所需的数据有着决定性的影响。②对学习过程的评价不够：使用前后测对学生的学习进行评价基本还属于传统的结果评价范畴，将学习结果与学习目标相对照，采用定量分析，得到明确的数量型结果。它虽然有着高效、明确、易操作的特点，但在评价中对于学生的学习过程、内在差异等过程性、非外显的因素关注不够。因此教师在操作时必须辅以其他过程性评价方式才可能得到学生学习的全貌。

我们的实践（一）

■① "检索表" 一课价值分析：网络化知识构成

前后知识的联系：时常有学生反映上课时听得很明白很清楚，但课后自己独立做题时却感到困难。究其原因往往是因为他们的知识点零散、彼此孤立。如何让学生在学习中形成自己的系统化、网络化的知识？没有一门学科讲到这一点，但这却是几乎所有学科学习中重要的一个因素。

---

① 此项研究为 2009 年 10 至 11 月，由上海市青浦区教师进修学院郭冬梅老师带领的 "科学课堂中过程与方法目标的落实" 研究团队，针对科学学科 "检索表" 一课，在上海市毓秀学校进行了三轮五次教学实践。我们前测后测组的成员为：黄玲、马洪元、黄敏、凌云、邵佳轶。

建立在分类的基础上,"检索表"一课使用图示的方法构建起事物与事物间的联系。学习这一课,学生可以"按图索骥"获得事物的名称或具体特点,明白其在整个系统中的位置,了解事物间关系的远近。更为重要的是,学生可以了解到,使用这样一个网络化的知识结构方式能更好地组织自己的认知与知识系统,升级自己的元认知水平。

■建立于经验之上的教学设计

教学目标

(1)通过观察和比较,找出生物个体之间存在的相同的和不同的特征,找出分类准则,初步对事物进行分类,尝试编制简单的检索表。

(2)通过观察、分析和讨论,认识检索表的作用,体验检索表带来的便捷。

(3)通过编制简单的检索表,体验小组合作的乐趣。

学习重点和难点

【重点】编制简单的检索表

【难点】分类准则的确定

流程图

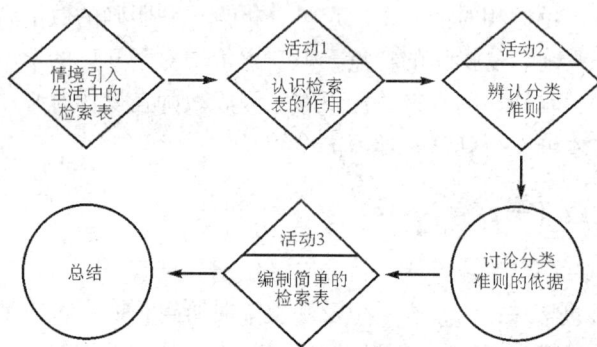

图 8-2　第一次课的流程

■前后测设计:基于目标分类

前测后测是对于学生学习准备状态与学习目标达成状况的测量,因此必须建立在明确的目标体系形成的基础之上。"检索表"一课及与其联系紧密的"分类"一课要求学生达成的学习目标具体有哪一些?我们借助于布鲁纳的知识结构模型将之清晰化。

目标体系

表 8 – 1　"检索表"目标分类

知识维度	记　忆	理　解	应　用	分　析	评　价	创　造
事实性知识	1. 脊椎动物可分为鱼类、两栖类、爬行类、鸟类与哺乳类					
概念性知识		2. 生命		4. 检索表		
		3. 脊椎动物；无脊椎动物				
过程性知识			5. 分类、二级分类 6. 在检索表中寻找事物特征	8. 检索表制作	7. 分类与检索表的方法如何使我们的生活变得更方便	
元认知知识				9. 学会形成知识概念的网络		

■ 前后测问题设计

在清晰了具体应达成的目标之后，我们结合以上表格设计了相应的前后测试题①。

前测

1. 分类是依据一定的特征进行的。将箭竹、大熊猫、月季、蜜蜂四种生物分为两类：一类是大熊猫、蜜蜂；另一类是箭竹、月季。这样分类的依据是………………（　　）　　**目标2、5**②

———————

① 在教育科研中，前测与后测的试题应完全一致，以明确在实验操作后被试的确切提高。但在本研究中，我们认为要求学生在没有学习检测表这一知识点的情况下要求他们完成这方面的习题是不科学的，对他们也是不公平的，也许将对学生的自信心造成不良影响。因此在本研究中，前测测量的是学生的学习准备状态，即"检索表"前课"分类"的目标达成状态，而后测则是"检索表"一课的目标达成情况。

我们认为，这样的前后测设计更近似于常态教学中的课前检测与课后作业，可帮助教师检测学生学习状态。而这样的前后测设计也可使研究具有更高的外在效度。

② 方框中的数字指的是在上文知识框架中目标的具体编码。

A. 是否由细胞构成　　　B. 是否有生命

C. 是否是动物　　　　　D. 是否能生长

2. 根据动物的身体特征，请将以下六种动物分成两大类：蝴蝶、蛇、蜗牛、老虎、鲸、蜘蛛

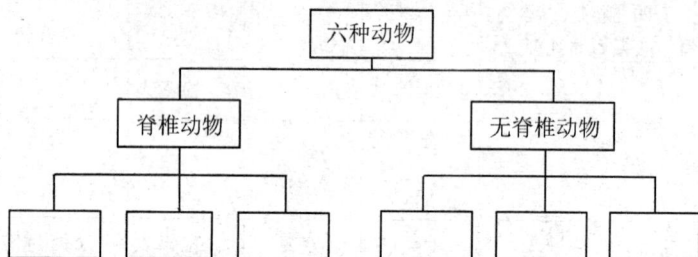

目标3、5

3. 麻雀与青蛙的共同特征是什么？＿＿＿＿＿＿＿（写出一点即可），不同特征是什么？＿＿＿＿＿＿（写出一点即可）。　**目标1、5**

4. 如果你是超市管理员，需要将各种商品分类摆放，这样才能让你和顾客很容易找到某种商品。请你再举出一个学习或生活中应用分类方法的例子：＿＿＿＿＿＿＿＿＿＿＿＿＿＿＿＿＿＿＿＿＿。　**目标7**

后测

1. 你能借助以下的检索表，说出豌豆叶的特征吗？

检索表：

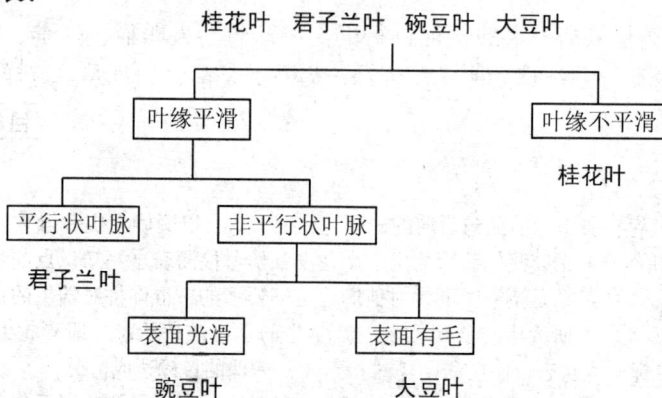

A. 我不需要小组同学的帮助能说出豌豆叶的特征＿＿＿＿＿＿＿＿＿＿＿

B. 如果和小组其他同学一起讨论，我可以说出豌豆叶的特征＿＿＿＿＿＿＿

C. 这个检索表太复杂了，我不能肯定我说的是不是正确_____

目标 6

2. 所有生物检索表均以二歧分类的方式对生物进行分类。学习了"检索表"这一课，你认为编制检索表应该注意什么？（ ）

A. 检索表要美观

B. 要考虑纸张大小等因素，合理编制检索表

C. 根据生物的身体特征不同，准确找出分类准则

D. 参照小组其他同学的分类准则，确保检索表的制作正确

目标 4

3. 现有荷花、鲨鱼、松树、猫头鹰四种生物，老师请小明和小红来把它们分类。

（1）小明把荷花和松树分为一类，鲨鱼和猫头鹰分为另一类，

他这种分类方法的依据是_____。

（2）而小红把荷花和鲨鱼分为一类，松树和猫头鹰分为另一类，

她这种分类方法的依据是_____。

目标 5

4. 给下列动物制作检索表进行分类：蝴蝶、老虎、燕子、蚯蚓，并写出分类依据。

蝴蝶 老虎 燕子 蚯蚓

第一次分类的依据_____

第二次分类的依据_____ 目标 6

■前后测分析

前测分析：满意的起点

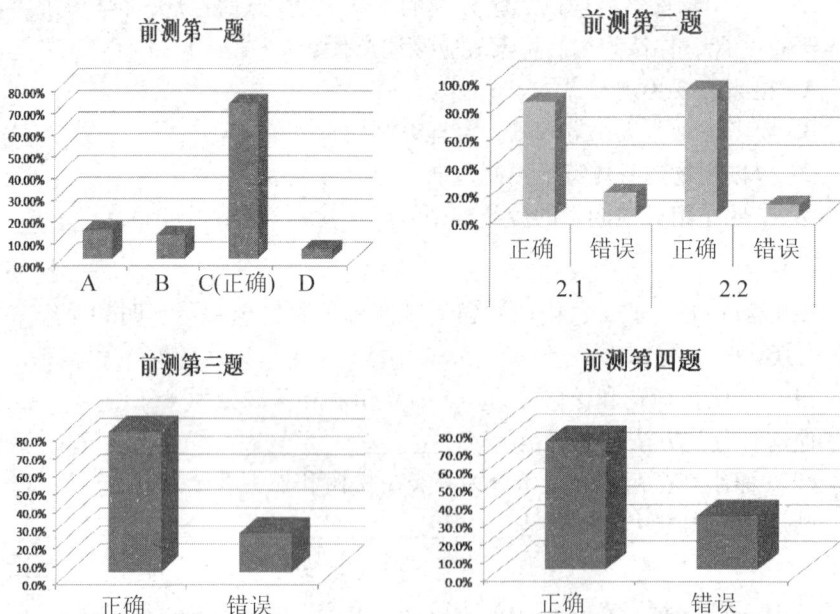

前测第一题

前测第二题

前测第三题

前测第四题

图 8-3　前测结果

（1）所有题目的正确率均在 70% 以上，可认为大部分的学生对"分类"一课掌握较好。

（2）我们认为较为简单的第一题错误率却很高，涉及对生物学概念——生命的理解运用。

（3）第二题的得分率近 80%，表示绝大多数学生能够找到事物间的相似及不同特征，意味着他们基本具备着对事物进行分类的能力。但有部分学生表现出不能使用生物学概念进行准确描述，如，麻雀和青蛙不同特征是"有毛和没毛"。

（4）重点题第三题的得分率较预想低。根据对错误的分析，大多是"一对"动物的填写错误，这表示大多填错的学生并不是不能理解题中给出的分类框架，而是对于脊椎动物的理解还不够深入。

（5）第四题的得分可说较为令人满意（作为放开性的应用题而言），表示近 60% 的学生能够将课堂上学到的分类知识与生活经验相联系。

因此，我们认为，学生对分类本身或对一级分类的框架结构并不存在问题，但在第一、第二及第三题中都反映出，学生在相对基础的层面——对生物学概念的理解——如生命、脊椎动物、无脊椎动物等的理解和运用存在问题。教师应在课堂教学中予以重视与加强。

■后测分析：诡异的结果

后测第一题

后测第二题

后测第三题

后测第四题

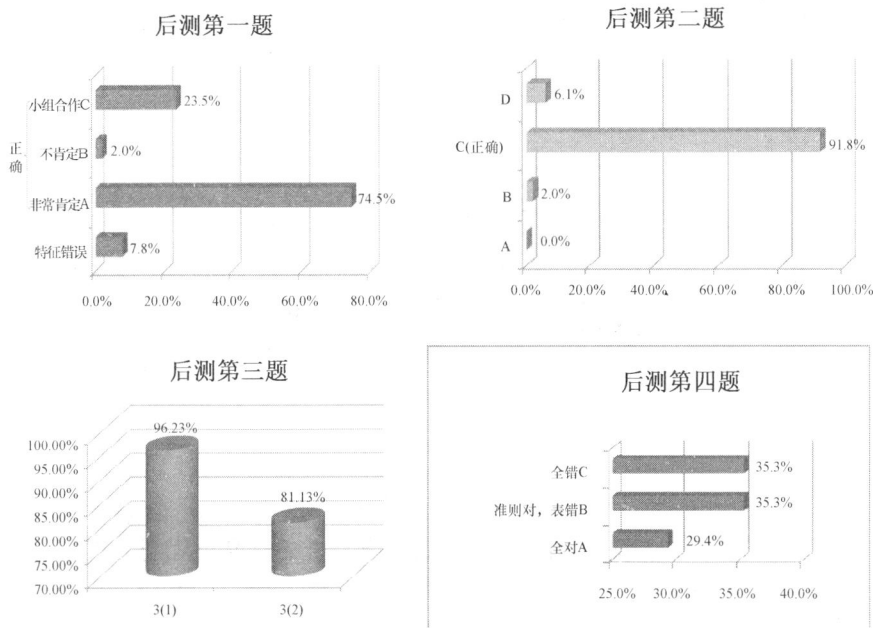

图 8-4 后测结果

学生在"检索表"的前两个目标上，都完成得非常好（正确率超过 90%），我们就此认为学生对于进行二次分类、使用检索表查询信息上都没有问题。

但是对于检索表的制作，完成率却低得惊人，只有不到 1/3 的学生完成了这题——在课堂上观察或练习的检索表达到 7 个以后。

根据第三题（实际上是我们在练习中设置的阶梯），有 96.23% 的学生能够完成动物的二次分类，而只有 29% 的学生能够建构起正确的检索表，那么为什么 67.23% 的学生不能够呢？

让我们一起来分析学生的错误，探寻原因。

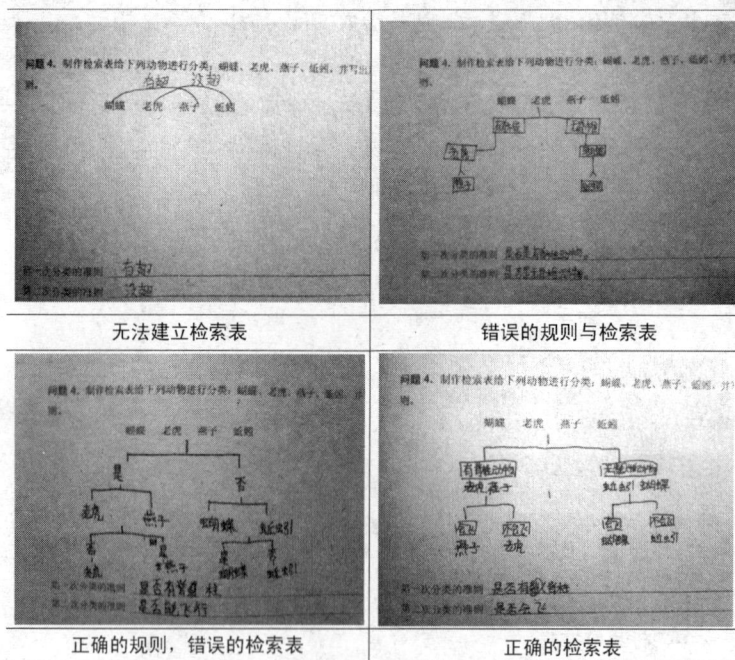

图 8 - 5 检索表制作错误示例

结合图 8 - 6，我们发现，许多学生能够进行多次分类，但一涉及具体的检索表构建、两级检索表构建——线条具有怎样的含义，规则与具体动物的位置如何排列——许多学生就开始一筹莫展。

（1）学生能够理解编制检索表的关键在于根据动植物的特征进行分类。

（2）学生能够使用检索表寻找动植物的特征（由下至上查阅检索表），也能根据特征填入相应的动植物的名称（由上至下查阅）。

（3）与课前制订的重点、难点不同，检索表一课的难点不在于运用所学生物学知识进行分类，也不在于进行多级分类，而在于对于检索表框架的构建。

因此，我们的改进意见是，课堂上的教学难点不应是寻找分类准则进行二次分类，而应强调检索表框架建构的逻辑推导与板演。

我们的实践（二）

根据前后测得到的信息，我们在教学设计与教学改进上进行了调整与改进。

■建立在实证证据上的教学设计

教学目标改进

（1）学生通过观察、记录、描述生物检索表，了解检索表的作用，能使用检索表寻找事物的特征与根据特征寻找事物在表内的位置。

（2）学生通过小组讨论，运用观察、对比、分析等方法，认识检索表的结构，体会检索表中分类的思想和方法。

（3）学生通过小组合作，初步学会编制简单的检索表，体验小组合作的乐趣。

学习重点和难点

【重点】编制简单的检索表

【难点】检索表框架构建

流程图

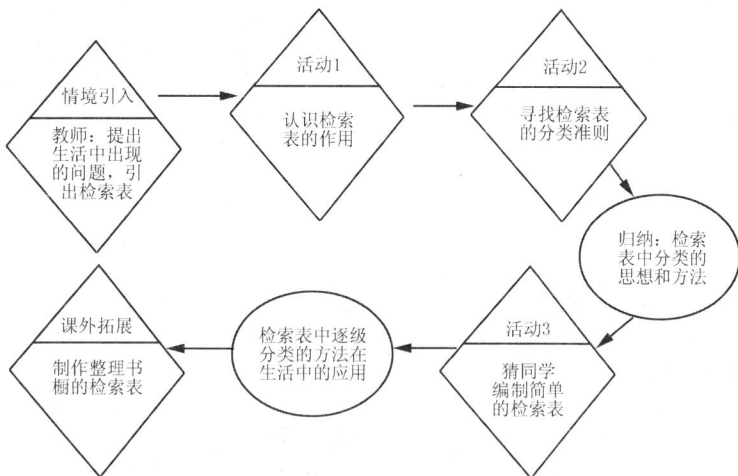

图8-6 第二次课流程

改进点：

• 加强教学目标中的可检测性与层进性。

• 课堂上的教学难点不应是寻找分类准则进行二次分类，而应是引导学生认识检索表框架建构，在教学实施中加强学生对检索表的理解，给予学生练习与犯错的权利。

• 每个教学环节后加强总结与提炼。

• 更强调生活中渗透的多级分类的思想。

179

■在检索表教学中体现框架构建①

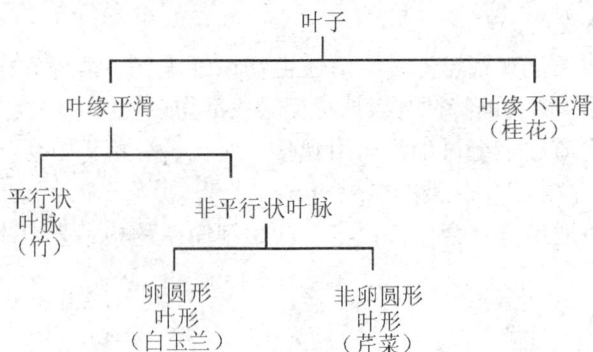

```
                            叶子
              ┌──────────────┴──────────────┐
          叶缘平滑                      叶缘不平滑
      ┌──────┴──────┐                   （桂花）
   平行状         非平行状叶脉
   叶脉       ┌──────┴──────┐
   （竹）    卵圆形         非卵圆形
             叶形           叶形
           （白玉兰）      （芹菜）
```

图 8-7   课堂练习（1）

第一次课	第二次课
T：我们先来观察这个检索表（呈现幻灯片），辨认一下这个检索表是如何进行分类的。它第一次的分类是以什么标准在分呢？谁来说看？ S：按照叶缘是平滑还是不平滑的进行分的。 T：哦，好的，第一次是按照叶缘是否平滑分的，所以第一次的分类准则是叶缘是否平滑，那么第二次的分类准则呢，谁来说说看？ S：叶脉是否平行。 T：大家同意吗？ S：同意。 T：好，第三次的分类准则呢？ S：叶子的形状是卵圆形还是不是卵圆形的。 T：嗯，非常好，请坐。那么，接下来大家试着完成第 57 页的填空。 …… T：首先第一个空填的是…… S：植物。	T：我们先来观察这个检索表，辨认一下这个检索表是如何进行分类的。它第一次的分类是以什么标准在分呢？ S：叶缘。 T：叶缘什么呢？ S：叶缘是否平滑。 T：好的。那它有没有继续进行分类呢？又分了几次？ S：它第二次按照叶脉是否平行进行分类。第三次按照叶形，叶形是否卵形进行分类。 T：大家同意吗？ S：同意。 T：我也非常同意。那么，接下来请大家完成第 57 页的填空。 …… T：（手执粉笔，边说边构建检索表的第一级）我们可以根据规则把四种叶子分成 2 类，分别是…… S：叶缘平滑的和叶缘不平滑的。 T：哪一类叶子的叶缘不平滑？ S：桂花的叶缘不平滑。

① 本图来源于上海市科学教材六年级第二学期第 57 页，图中括号内的字为本练习的答案，在幻灯片中逐步出现。

第一次课	第二次课
T：植物，能不能说出它的名字？ S：竹。竹的叶片是平滑的，它的叶脉是平行的。 T：非常好，那么第二个空呢？ S：第二空是白玉兰。 T：好，大家看一看他填的对吗？ S：（齐答）对。 T：那么第三和第四呢？ S：芹菜和桂花。 T：对吗？ S：（齐答）对！ T：非常好，请坐，说明同学们已经理解了，能够快速地找到它的位置，这就是我们检索表的第二个作用：能根据事物的特征确定事物在检索表中的地位。	T：好的，我们把它填在叶缘不平滑的规则下方（板书）。继续分类。然后根据…… S：叶脉是否平行进行分类。 T：（板书）分成…… S：平行状叶脉与非平行状叶脉。 T：（板书）叶脉是平行状的是，小A，说说你的答案。 S：竹叶。 T：大家看一看他填的对吗？ S：（齐答）对。 T：（板书）然后再根据叶形进行分类。在剩下的两种叶子中，卵圆形叶是…… S：白玉兰。 T：（板书）非卵圆形是…… S：芹菜。 T：（板书完成）非常好，请坐。我们共同建构了这一张检索表，并体会到检索表的第二个作用，可以根据事物的特征确定事物在检索表中的位置。

改进点：

● 在通过前测清晰了解学生对知识掌握的情况后，将教学重点从分类转向学生对生物学相关概念的理解。

● 在后测了解学生学习困难点之后，板演给出检索表制作过程，代替静态的幻灯片呈现。

■ 将学生的答案视为教学资源

在明确了学生学习的难点之后，在第二次教学中，教师在学生讨论后同样选择了检索表制作有困难的组进行展示。

图8-8 课堂练习（2）

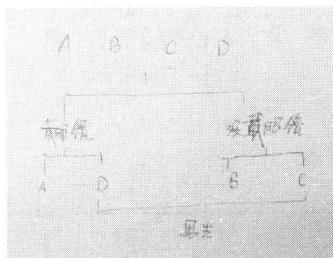

图8-9 某生制作的检索表

第一次课	第二次课
"大家安静，请前面的同学转过来。老师看了一下，有的同学设计得非常好，但是有几位同学的检索表稍微有点问题，先请小组代表上台交流一下。谁愿意上来啊？请你来，你的工作单呢？" T：（教师关注投影仪上的工作单）好，我们先来看一下这里面存在的一些问题（教师从袋里拿出一支水笔）。首先他从ABCD四个同学进行分类，分成了男和女。按照的是性别，分类准则他省略了，没有写，这是可以的。但是男和女的下边我们说要把分类出来的人物写在分类准则的下方，男生的话，应该是哪两个啊？编号是什么啊？ S：（部分）C、D。 T：C和D，大家要注意一下，要写在规则的下方，"女"下面也要写下她们的编号A和B，接下来，第二次分类，是根据他们有没有穿校服，对不对？穿校服下来，你这里用了一个树枝状（教师一边讲一边标注），对不对？但是这类下只有一个项目，所以，我们只要用一条竖线表示就可以了。明白？没有穿校服的这边，同样的道理，竖线，这里也是的，这里只要一条横线，这里是A，这边是B，就对了，没有必要再分下去，好，那么第二次分类是按照？ S：（部分）第二次分类也是按照男女。 T：也是按照性别，同样道理，就是C和D要写下，A和B要写下，那么相同的错误你自己知道了，对不对？好，请坐。	（学生中有不同意见，有争论声） T：（作平息的手势）我们先请小P向大家说一说他制作的检索表。 P：嗯，照片里共有4个同学，有2个带着眼镜，两个没有带。还有2个是男的，2个是女的。 T：哦，小P找到的可进行分类的2个特点是什么？ S：（共同）是否戴眼镜，男女。 T：好的，大家都同意的是，进行分类的准则是，是否戴眼镜，以及性别。 P：我把ABCD放在第一层，然后根据是否戴眼镜这个特征，分成2类。 T：（用手指描画检索表的第一层框架线条）规则是什么？ S：（共同）是否戴眼镜。 T：根据这个规则我们将ABCD 4个同学分成了…… S：（共同）AC和BD。 T：（代为填上）写出分类规则后这个也可以不写。小P请继续。 P：然后我再根据性别这个特点，分出了A和B，C和D。 T：哦（疑惑状），你是根据什么规则分的？ P：男……性别。 T：上面一层的规则，你不是写在这个地方的吗。 S：（七嘴八舌的）应该写在动物的上面。 T：为什么上面一层的规则写在动物上面而第二层的规则写在动物下面呢？ P：（脸红）我写错了。 T：给你一个纠正的机会。（递给小P一支笔） P：（改正） T：好的。第二层（用手指描画检索表的第二层框架线条）显示规则，填上…… S：（共同）男……女……男……女……AB，BC。

改进点：

●检索表的制作是否存在问题，存在什么问题，不是由教师而是由学生来观察、评价、改正。

●采用提问、追问的方式，在于学生的交流中完成对检索的分析与改进，对全班学生的思维也是一种梳理与引导。

●在通过对前后测进行分析后，教师明确了学生学习的难点不在于二次分类而是检索表框架的构建。因此在讲评中突出了检索表框架的构建过程。

■第二次课后的效果

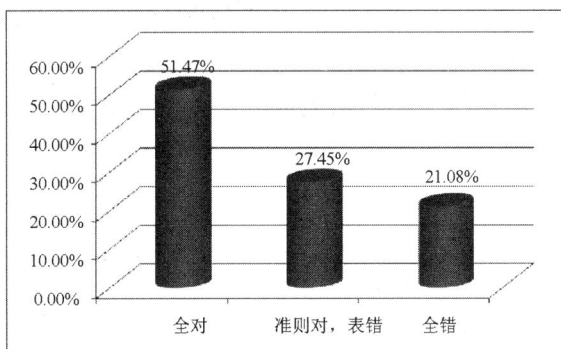

图 8−10　第二次课后的后测第四题结果①

在使用前后测方法明确了教学的重点、难点与教学实施中的注意点后，学生在后测第四题中的正确率大为提高，达到 51.4%，较上次实践提高了近 70%。一方面，作为初中科学中的难点之一，有一半多的学生能够完成检索表制作这一结果我们比较满意；另一方面，为什么还有近一半的学生在检索表制作中存在着这样或那样的问题？我们还在进一步探究中。

评述与分析

■如何在日常教学中使用前后测这一方法？

我们在课例研究中借鉴了前后测这一教育科学研究方法。每次课例研究实施时，我们 6 名组员在课后的 2 个小时内完成 1 至 2 班学生的前后测问卷批改、输入、分析与结果以及改进意见撰写。那么在日常的教学中，一名单

————————

① 第二次后测的其他题目正确率与第一次相似，故省略。

枪匹马承担 5 个甚至更多班教学的教师怎么可能完成这一过程呢？

前后测无论在形式上还是作用上，都与教师向学生布置的课后作业非常近似。前测是与本课内容相关的上次或上几次课后学生的作业情况；后测即是本节课课后学生的作业情况。我们认为能使用比较科学与严谨的前后测方法来获取学生获得知识情况，对教学进行评价固然很好，但更为重要的是，教师应该明确，练习不仅是帮助学生巩固所学知识与技能的方式，练习检测的不仅仅是学生的学习，而且更准确地反映了教师的教学。练习的结果是帮助教师了解学生学习现状，检视教学成效、改进教学方法的有效方式。使用前后测的思想，深入分析学生在课堂练习、课后练习中产生的问题，是帮助教师提高教学效率的极有效方式。重视学生的作业设计，重视学生作业的批改与分析，重视根据学生作业的情况来调整教学，这在本质上就贯彻了前后测的思想。

■与教师对谈：如何设计前后测题

研究者①：在课例研究中参加前测后测组，你觉得对你的成长有帮助吗？如果有的话有什么样的帮助。

教师：在课例研究中，我们要做很多事，要研读、命题、阅卷、数据统计、分析……平时教学中，我们不会很刻意地去想，怎么针对教学目标设计与检测，所以我觉得参加研究后把完成平时教学的随意性降低了，课堂目标性更强，课后我也更多思考如何让课堂的教学效果更好，所以课堂效率有提高。

研究者：你是前后测的命题者之一，能告诉我你是怎么做的吗？

教师：刚开始我们出题就像是做裁缝，适合的练习恨不得每题都出在上面。但是前后测的时间很短，要全面又要有针对性，题量在三四题左右，势必就要对题目精挑细选。精挑细选的标准是什么呢？我们就要去研读课程标准，还有这节课的教学内容，和执教者一样，在命题的时候心里先要有个底，看这节课究竟要学生掌握的是什么，重点、难点是什么，如何在题目上体现。

研究者：哦，是围绕教学目标进行的？题型方面怎么考虑呢？

教师：是啊，做了前后测之后更体会到目标的重要性。题型啊，考虑的是难度递进，答案开放程度递进。所以一般是填空、选择、能力运用、情感态度。

---

① 对谈中的教师即是本次前后测组的组长，上海市青浦区白鹤中学黄玲老师；研究者为本章撰写者。

研究者：那在题目设计上你有没有什么经验可以和我们分享呢？

教师：我首先会考虑学科基本要求上的题，然后做变形。然后就是联系生活实际，最后在网上找找有没有相关的，做参照。

研究者：还有一些细小的目标检测不到怎么办呢？

教师：前后测肯定不能覆盖所有的目标，也不是所有的目标都适合用纸笔测量，其他的目标在观课的过程中观察。前后测的观测点一般集中在目标达成度。一看目标有无达成，二看教学过程，教师引导，学生活动等方面，是不是有助于落实这些目标。

研究者：那你觉得什么题目的设计难度最大呢？

教师：既要考虑前测和后测相对应，又不能在前测的时候完全脱离学生的已有水平。而后测又要在前测的基础上，难度、思维容量要相对应的有所提升。

研究者：前测和后测不能一致，但是一定要对应？

教师：对呀，所以我觉得这个是最痛苦的，最伤脑筋的。

研究者：那你是怎么做的呢？

教师：最头疼的，嗯，我们前测更多的考虑学生熟悉的，联系生活，好让学生即便没有科学课所学的知识，也能从生活经验出发完成。给学生一个导向，科学来源于生活。后测的话，是在前测的基础上，融入科学知识，好让学生觉得科学课所学的知识能用于解决问题。

研究者：对应好像没有体现啊？

教师：我们设计时，以一题作为基础，进行一变二的变化。变化后，思维容量少，结合生活经验能解决的，放在前测；有一定解题障碍，需要运用这节课所学的知识点、方法来解决的放在后测。

研究者：哦。你们的办法真好。

教师：哎，在实践中被逼出来的（笑）。实际上最简单的就是在一定基础上，对题进行改装，而不是原来的裁剪。

研究者：这次出的开放的制图题，学生出现的问题蛮多的，作为教师你有什么感受？

教师：我们一直在试图寻找问题的源头在哪里。是因为我们的题出难了，还是因为我们问题的指向性不明确，还是因为执教教师在讲的过程中还不够细致到位？原来只是根据经验和课堂观察进行分析，现在我们是根据前后测得到的结果进行分析寻找原因，更科学。

研究者：每张前后测问卷，或者每次出问卷都要有难度题吗？难度题有什么样的特征?

教师：基本都有吧，我们研究的主题不就是落实过程与方法目标的吗? 要想更全面地反映学生的学习情况，综合性强、对能力有一定要求的题目是必须的。

研究者：嗯，怎么算体现落实方法的能力题?

教师：特征? 不是一眼就能看出答案的，需要有一个思考的过程。就是如果要问，为什么是这个答案，学生能说出所以然来。思维过程有，要用一定的方法。不像有的填空题，就是这个答案，没有为什么。

声 音

奥苏贝尔

（1976 年美国心理学会桑代克教育心理学奖得主）

有意义学习必须以学习者原有的认知结构为基础。也就是说，新知识的学习必须以学习者头脑中原有的知识为基础，没有一定知识基础的意义学习是不存在的。因此，在有意义学习中必然存在着原有知识对当前知识学习的影响，即知识学习中的迁移是必然存在的。

周忠伟 《TQC 理念在教学前、后测中的应用研究》

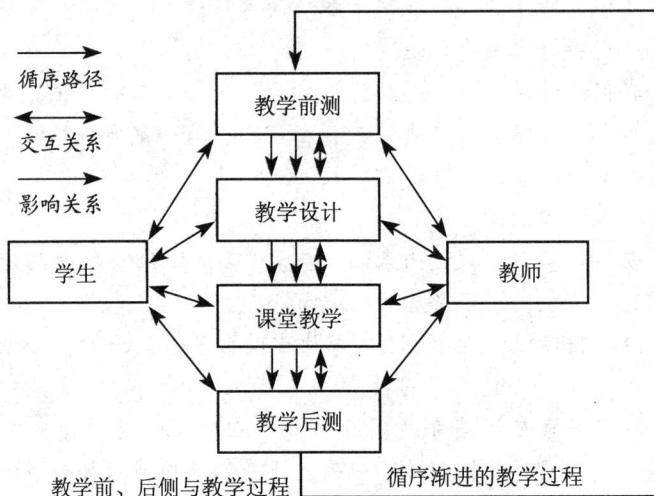

循序路径
交互关系
影响关系

教学前测
教学设计
课堂教学
教学后测

学生

教师

教学前、后侧与教学过程　　循序渐进的教学过程

肖卫红 《课堂教学中当堂检测的意义——理念与策略》

从本质上看，当堂检测追求的正是"以学定教"的教学价值取向，特

别是其所强调的"自我检测"需要通过与同组伙伴、全班同学以及老师的交流得以实现。这种信息的分享和思想的碰撞，可以不断促进学生自己查漏补缺，自查课上独立学习的效果。而这些检测和分享更多是以展示个人学习、小组合作、生生互动及师生互动成果的形式出现的，是师生共同设计一阶段活动单的最重要的依据和基础。

毓秀学校　邵佳一

教师原本认为很简单的问题，往往会出现令你意想不到千奇百怪的答案。原来我认为教师的任务就是把学生的错误观念纠正过来，现在我才觉得，教师去了解这些"千奇百怪"的答案也很重要，它是教师教学准确的起点，也是让学生进行思索、分析、探究的资源。

研习推荐

●卢敏玲，庞永欣，植佩敏　《课堂学习研究：如何照顾学生个别差异》

一线老师如何进行既规范又对自己的教学真正有所助益的研究？这是一直以来困惑很多老师的一个问题。本书在以通俗易懂的语言在介绍了课堂学习研究的基本方法后给出了3个香港老师所作的具体实例。其中描述的研究内容与过程非常值得借鉴，其中对于资料收集与分析及前后测比较的内容扎实细腻，为如何在课堂学习研究中进行量性数据分析给出了的范例。

●陶宝平，周瑞义　《小学语文课堂教学效率的研究》

效率与测量，这篇文章与本章的主题完全一致。虽然本文介绍的是实验研究，与我们在课例研究中进行前后测略有不同，但其中包含的思想是完全一致的，文章中虽没有讲到具体问卷的设计，但涉及的几份数据获取与比较分析方法非常精到，对前后测数据的分析非常有启发。另一方面，此研究中研究得出的课堂教学效率结果，也非常值得我们思考。

附：课堂实录

"检索表"（六年级）第三轮课堂实录（执教者：范静）

教学结构	内　容
1. 引入	师：（幻灯片播放）我们先来看一组图片。 生：（观看图片） 师：老师现在想去商场里面买一件运动装，按照这张购物指示牌，我该怎么走呢？ 生：往二楼的北面。 师：好的，请坐。通过指示牌我们可以迅速地找到自己想买服装的位置，其实啊指示牌还有另外一种检索表的形式，（播放幻灯片）通过这张检索表我们能找到运动装的位置吗？ 生：（反应速度不同）能。
2. 认识检索表的作用	师：刚才我们看到的是生活中的检索表，其实在生物中也有这样的检索表，下面请同学们把书翻到56页活动2.7（1），观察这张检索表，找出蚱蜢的特征，填写在你们的书本上。（播放幻灯片） （生完成活动，师巡视） 师：好，谁来说一说蚱蜢有什么特征。 生：有强壮后足、有翅、有足。 师：哦，就这三个特征吗？ 生：不是，还有…… 师：那谁来补充一下？ 生：蚱蜢的特征是有强壮后足、有翅、有足、无脊椎动物。 师：其他同学有不同的意见吗？ 生：没有。 师：哦，按照什么样的顺序找的？ 生：先找到蚱蜢，再从下往上去找。 师：嗯，好的，那有多少同学是从下往上找到蚱蜢特征的？请举一下手。 生：那没举手的同学说说看，你是怎么找的？ 生：我是从上往下找的。 师：那你们觉得这两种方法哪种更好一点？ 生：从下往上找。 师：嗯，我们可以根据生物在检索表中的位置，查找生物的特征。这就是检索表的一种作用。

教学结构	内　　容
3. 辨认检索表的分类准则	师：我们对检索表的分类准则有了一定的了解，那接下来我们来试试看，看大家能不能准确辨别分类准则。我们一起来完成56页活动2. 7（2），这是一张叶子的检索表，要求我们将植物的名称填入检索表的空格内。在完成这个活动前我们先来认识一下叶子的结构，一般叶子由三部分构成叶缘、叶脉、叶形。（播放幻灯片） 叶缘即叶子的边缘，常见的有锯齿状、波状、叶脉。 叶脉就是叶片的维管束，位于叶片中央大而明显的脉，称为主脉，中脉两侧的称为侧脉，一般可分为平行脉和分叉状脉。 叶形就是叶子的外形或轮廓，常见的有卵圆形、椭圆形等。 好，接下来请同学们完成书上的内容，根据叶子的特征将它们对号入座。 （师巡视指导） …… （手执粉笔，边说边构建检索表的第一级） 师：我们可以根据规则把四种叶子分成2类，分别是什么？ 生：叶缘平滑的和叶缘不平滑的。 师：哪一类叶子的叶缘不平滑？ 生：桂花的叶缘不平滑。 师：好的，我们把它填在叶缘不平滑的规则下方。继续分类。然后根据？ 生：叶脉是否平行进行分类。 师：分成？ 生：平行状叶脉与非平行状叶脉。 师：（板书）叶脉是平行状的是，小A，说说你的答案。 生A：竹叶。 师：大家看一看他填的对吗？ 生：（齐答）对。 师：（板书）然后再根据叶形进行分类。在剩下的两种叶子中，卵圆形叶是…… 生：白玉兰。 师：（板书）非卵圆形是…… 生：芹菜。 师：（板书完成）非常好，请坐。我们共同建构了这一张检索表，因为我们找准了表格中的分类准则。

教学结构	内　　容
4. 归纳：检索表中分类的思想和方法	师：好，通过前面的一系列小活动，我们对检索表的作用、分类准则有了一定的认识，那么检索表到底是如何编制的呢？请同学们以前后四人为单位，小组讨论检索表的基本原理和划分原则以及它的框架。 （学生讨论） 师：好，接下来我请同学们来说说看，检索表是根据什么来划分的？ 生：根据相同或不同的地方进行分类。（幻灯片呈现正确答案） 师：非常好。检索表是按个体之间存在的相同和不同特征分类的。检索表根据事物的特征进行划分，那么它的划分原则是什么呢？ 生：（七嘴八舌各种答案） 师：把"脊椎动物"分在一块儿，"强壮后足"的昆虫分在一起，这些划分方法概括起来怎么说呢？ 生：特征相同的归为一类。 师：说的真好。那么大家发现同组物体之间的共同特征的数目最少是多少？ 生：1个。 师：有可能超过1个？谁来举个例子？ 生：刚才我们做到的练习里，白玉兰和芹菜叶就有2个相同的特征。 师：大家来说这2个特征是什么。 生：（齐）叶缘平滑、非平行状叶脉。 师：哦，同组间至少有1个共同特征。好，那么检索表的框架又是如何搭建的呢？
5. 编制简单的检索表	师：好，通过刚才的讨论我们对检索表的基本原理和划分原则有了一定的认识，那我们接下来一起来学着编制一个简单的检索表。我们首先有请四个同学上台来。 师：请同学们仔细观察这四个同学特征。 师：好，接下来以前后四人为单位，根据你们观察到的特征，讨论：准备如何对他们进行分类？ （小组讨论） 师：你来说说看，你们组准备怎么分？为什么要这么分？（将学生的答案置于投影仪下） （学生中有不同意见，有争论声） 师：（做平息的手势）我们先请小P向大家说一说他制作的检索表。

教学结构	内　　　容
	P：嗯，照片里共有4个同学，有2个带着眼镜，两个没有带。还有2个是男的，2个是女的。 师：哦，小P找到的课进行分类的2个特点是？ 生：（共同）是否戴眼镜，男女。 师：好的，大家都同意的是，进行分类的准则是，是否戴眼镜，以及性别。 P：我把ABCD放在第一层，然后根据是否戴眼镜这个，特征，分成2类。 师：（用手指描画检索表的第一层框架线条）规则是什么？ 生：（共同）是否戴眼镜。 师：根据这个规则我们将ABCD 4个同学分成了？ 生：（共同）AC和BD。 师：（代为填上）写出分类规则后这个也可以不写。小P请继续。 P：然后我再根据性别这个特点，分出了A和B，C和D。 师：哦（疑惑状），你是根据什么规则分的？ P：男……性别。 师：上面一层的规则，你不是写在这个地方的吗？ 生：（七嘴八舌的）应该写在动物的上面。 师：为什么上面一层的规则写在动物上面而第二层的规则写在动物下面呢？ P：（脸红）我写错了。 师：给你一个纠正的机会。（递给小P一支笔） P：（改正）第二层（用手指描画检索表的第二层框架线条）显示规则，填上…… 生：（共同）男……女……男……女……AB，BC。通过刚才的小活动，我们来归纳一下编制检索表的流程，想一想你们的检索表是怎样编制出来的呢？ （生交流） 师：哦，整个流程是，先观察比较事物的特征，寻找相同和不同的地方，然后根据特征书写他们的分类准则，记录分类的结果。（呈现幻灯片）如果还没有分完，我们还需要再进行观察、分类、记录分类结果。

教学结构	内　　容
6. 练习生活、课外拓展	师：其实分类思想无处不在，想一想我们日常生活中还有哪些方面运用到分类的方法？除了前面我们讲到的服装外。 生：（七嘴八舌）图书馆，我们的班级，火车票…… 师：为什么要使用这种方法呢？ 生：让我们能更快地找到想要的书。可以很快找到自己的座位。嗯，相同年龄的人上一样的课。 师：嗯，同学们说得非常好，检索表可以帮助我们迅速找到个体在检索表中的位置，也能使事物间的相同特点一目了然。那么请同学们运用今天所学的知识，按一定的分类准则，整理自己的书桌或衣橱，编制一张检索表。

后记：兴趣与努力

本书是有着科学学科背景的研究者和一群用心、认真的科学教师，花了三年的时间，在中小学科学课堂中开展的行动和思考。

本书以一群教师针对科学课堂教学中的现实问题，聚焦于特定的教学内容，探索解决方式的"课例研究"为线索，提出学生科学学习中特别薄弱的方面或是教师所面临的教学困难，展示现实课堂中教师们的想法、做法以及背后的思考，试图对更多的科学课堂教学起观照作用。

本书还展示了一线教师如何以"课例研究"作为教学法实践以及教师专业发展的载体，在教研组、教师培训中展开的具体过程和方法。整个过程体现了教师对"学科知识"和"对学生如何学习"的深层理解和学习。

非常值得关注的是，本书所呈现的课例都是研究者和教师共同"做"出来的，而不是"写"出来的。或许我们未能呈现一个个"完美"的课例，书中展现的课例本身有这样或那样的不足，但我们认为，比"示范意义"更为重要的是，希望通过一种文字的"牵引"，把阅读的人带入我们研究的现场，带入到一种随之而来的"思考"上来。透过这些课例研究，您可能看到的是一种对科学教学的主张和思考，看到的是教师们的进步和成长，我们更希望由此"牵引"出您新的思考和理解，这是本书最为追求的。

在书稿成形的过程中，"兴趣与努力"这两种感受不断地在我们的内心交织。对于如何改进课堂，如何在改进中追求共同的成长，是我们感兴趣的，这种兴趣让我们集中注意，专心致志于科学课堂。三年来，我们和上海的教师，和浙江嘉兴、余杭、桐庐、东阳的教师，我们也和南京、北京、厦门的教师一起交流、争辩，不断地行动。正因为这种兴趣，让我们有了这样一种写书的努力。这种努力让我们从比较盲目的活动转变为更有意识、有积累的思考性的活动，这种转变让我们感受痛并愉悦。相信这样的兴趣和努力将会一直伴随我们。

　　本书凝聚着很多人的心血，也因为这本书，让我们和很多人有了深层次的接触。我想感谢倪闽景老师，当我请他以一个科学教师的身份为我写一段"科学课堂应该给学生带来什么"的文字时，他欣然应允。我想感谢李福生、黄伟胜、石宇成和沈雁鸣老师，他们是那么的忙碌，但我在在线聊天工具上的一个留言，就让他们扔下手中的工作，和我一起讨论书中的细节。我还想感谢加平，她所付出的智慧和努力是不言而喻的，没有她，大概本书也不会有形。我还要感谢黄开宇，她的热情和勤勉，是给我最大的支持。

　　各章执笔者分别是：第一章：王洁；第二章：倪闽景；第三章：严加平；第四章：李福生；第五章：张敏；第六章：石宇成；第七章：沈雁鸣；第八章：黄开宇。最后由王洁和严加平统稿。

　　当书稿要付梓的时候，忽然有很多的不舍，我觉得我们还可以做得好点。不过，积极地来想，也因为有不足，我们才能有更大的理由和动力去不断改善我们的研究和实践。我们还可以更上一个台阶。让我们期待。

王　洁

摆渡者教师书架（现已出版部分）

丛书名称	主编或作者	书　　名	定价（元）
大师背影书系	张圣华	《陶行知教育名篇》	24.90
		《陶行知名篇精选》（教师版）	16.80
		《朱自清语文教学经验》	15.80
		《夏丏尊教育名篇》	16.00
		《作文入门》	11.80
		《文章作法》	11.80
		《蔡元培教育名篇》	19.80
		《叶圣陶教育名篇》	17.80
教育寻根丛书	张圣华	《中国人的教育智慧·经典家训版》	49.80
		《过去的教师》	32.80
		《追寻近代教育大师》	29.80
		《中国大教育家》	22.80
杜威教育丛书	单中惠	《杜威教育名篇》	19.80
		《杜威学校》	25.80
		《杜威在华教育讲演》	29.80
班主任工作创新丛书	杨九俊	《班集体问题诊断与建设方略》	19.80
		《班主任教育艺术》	22.80
		《班级活动设计与组织实施》	23.80
新课程教学问题与解决丛书	杨九俊	《新课程教学组织策略与技术》	16.80
		《新课程教学现场与教学细节》	15.00
		《新课程备课新思维》	16.80
		《新课程教学评价方法与设计》	16.80
		《新课程说课、听课与评课》	16.80
新课程课堂诊断丛书	杨九俊	《小学语文课堂诊断》（修订版）	18.60
		《小学数学课堂诊断》（修订版）	18.60
		《小学综合实践活动课堂诊断》	23.60
		《小学品德与生活（品德与社会）课堂诊断》	22.80
名师经验丛书	肖　川	《名师备课经验》（语文卷）	25.80
		《名师备课经验》（数学卷）	25.60
		《名师作业设计经验》（语文卷）	25.00
		《名师作业设计经验》（数学卷）	25.00
个性化经验丛书	华应龙	《个性化作业设计经验》（数学卷）	19.80
		《个性化备课经验》（数学卷）	23.80
	于永正	《个性化作业设计经验》（语文卷）	20.60
		《个性化备课经验》（语文卷）	23.00

丛书名称	主编或作者	书　名	定价(元)
深度课堂丛书	《人民教育》编辑部	《小学语文模块备课》	18.00
		《小学数学创新性备课》	18.60
课堂新技巧丛书	郑金洲	《课堂掌控艺术》	17.80
课改新发现丛书	郑金洲	《课改新课型》	19.80
		《学习中的创造》	19.80
		《多彩的学生评价》	26.00
教师成长锦囊丛书	郑金洲	《教师反思的方法》	15.80
校本教研亮点丛书	胡庆芳	《捕捉教师智慧——教师成长档案袋》	19.80
		《校本教研实践创新》	16.80
		《校本教研制度创新》	19.80
		《精彩课堂的预设与生成》	18.00
		《让孩子灵性成长:青少年野外活动教育创新》	20.00
		《联片教研模式创新:一题一课一报告》	23.00
美国教育新干线丛书	胡庆芳	《美国学生课外作业集锦》	35.80
美国中小学读写教学指导译丛	胡庆芳　程可拉	《教会学生记忆》	22.50
		《教会学生写作》	22.50
		《教会学生阅读:方法篇》	25.00
		《教会学生阅读:策略篇》	24.80
提升教师专业实践力译丛	胡庆芳　程可拉	《创造有活力的学校》	22.50
		《有效的课堂管理手册》	24.00
		《有效的课堂教学手册》	32.80
		《有效的课堂指导手册》	24.80
		《有效的教师领导手册》	25.80
		《提升专业实践力:教学的框架》	30.80
		《优化测试,优化教学》	22.50
		《有效的课堂评价手册》	26.80
中小学教师智慧锦囊丛书	费希尔	《初为人师:教你100招》	16.00
	奥勒顿	《把复杂问题变简单——数学教学100招》	17.00
	格里菲思	《精彩的语言教学游戏》	17.00
	墨菲	《历史教学之巧》	18.00
	沃特金　阿伦菲尔特	《100个常用教学技巧》	16.00
	扬	《管理学生行为的有效办法》	16.00
	鲍凯特	《让学生突然变聪明》	17.00
	库兹	《事半功倍教英语》	17.00
	鲍凯特	《这样一想就明白——100招教会思考》	17.00
	海恩斯	《作文教学的100个绝招》	15.00
教育心理	俞国良　宋振韶	《现代教师心理健康教育》	25.80

丛书名称	主编或作者	书　名	定价(元)
教师在研训中成长丛书	胡庆芳　林相标	《校本培训创新:青年教师的视角》	21.80
		《教师专业发展:专长的视野》	21.60
		《听诊英语课堂:教学改进的范例》	31.60
		《提升教师教学实施能力》	22.00
中小学课堂教学改进丛书	胡庆芳　王　洁	《改进英语课堂》	32.80
		《改进科学课堂》	26.00
		《改进语文课堂》	28.00
其他单行本	胡庆芳	《美国教育360度》	15.80
	徐建敏　管锡基	《教师科研有问必答》	19.80
	杨桂青	《英美精彩课堂》	17.80
	陶继新	《教育先锋者档案》(教师版)	16.80
	单中惠	《西方教育思想史》	59.80
	孙汉洲	《孔子教做人》	27.90
	丰子恺	《教师日记》	24.80
	陶　林	《家有小豆豆》	27.00
	徐　洁	《教师的心灵温度》	26.50
	赵　徽　荆秀红	《解密高效课堂》	27.00
	赖配根	《新经典课堂》	29.00
	严育洪	《这样教书不累人》	27.00
	管锡基	《中小学综合实践活动课程资源包》	39.80
	孟繁华	《赏识你的学生》	29.80
	申屠待旦	《教育新概念——教师成长的密码》	27.00

　　"新课程教学问题与解决丛书"荣获第七届全国高校出版社优秀畅销书一等奖!

　　《陶行知教育名篇》荣获第八届全国高校出版社优秀畅销书一等奖!

　　"大师背影书系"荣获第八届全国高校出版社优秀畅销书二等奖!

　　《名师作业设计经验》(语文卷)、《名师作业设计经验》(数学卷)、《名师备课经验》(语文卷)荣获第17届上海市中小学幼儿园优秀图书三等奖!

　　《西方教育思想史》荣获全国第二届教育科学优秀成果二等奖(1999)!

　　在2006年全国教师教育优秀课程资源评审中,"新课程教学问题与解决丛书"中的《新课程教学组织策略与技术》《新课程教学现场与教学细节》《新课程备课新思维》和《新课程说课、听课与评课》被认定为新课程通识课推荐使用课程资源,《陶行知教育名篇》被认定为新课程公共教育学推荐使用课程资源,《课改新课型》被认定为新课程通识课优秀课程资源,《小学语文课堂诊断》被认定为新课程语文课优秀课程资源,《小学数学课堂诊断》被认定为新课程数学课推荐使用课程资源!